Kathrin Rüegg / Werner O. Feißt

Die besten Geschichten und Rezepte aus Großmutters Küche

Jubiläumsausgabe

Müller Rüschlikon

Inhalt

(Die ohne Namen aufgeführten Kapitel sind von Kathrin Rüegg)

Wo nicht anders vermerkt, sind die Kochrezepte immer für vier Personen berechnet.

Vorwort

Einer gräbt seinen Acker um – und findet einen Schatz von Münzen aus der Römerzeit.
Einer räumt den Dachboden seines Elternhauses auf – und findet eine Familienchronik, die er zu einem Bestsellerroman verarbeitet.
... und eine bekommt eines Tages den Besuch eines Fernsehmenschen, der ihr vorschlägt, so etwa fünf Sendungen über das Thema «Was die Großmutter noch wußte» zu machen – und daraus werden immer mehr Sendungen, werden etliche Bücher – aber im Gegensatz zu den beiden ersten glücklichen Schatzsuchern geht das Finden von Schätzen bei Werner und mir immer noch weiter, ist immer noch spannend, wenn nicht noch spannender – und ein Ende ist nicht abzusehen ...
«Die Schätze unserer Großmütter»: jene Großmütter wußten wohl kaum, wie kostbar ihr Wissen war. Das war ihr Alltag, war instinktives Wissen, was gut und was gesund ist – immer den damaligen Lebensumständen angepaßt.
Diese Schätze von den Spinnweben zu befreien, sie wieder auf Hochglanz zu polieren, sie dem Vergessen zu entreißen – eine faszinierendere Aufgabe kann ich mir gar nicht vorstellen. Lange nicht so spannend wäre sie, könnten wir – Werner, seine Assistentin Annette und ich – diese Forschungen nicht im Team tun – ganz abgesehen vom Team, das wir bei den Fernsehproduktionen bilden.
Das ist die eine Seite der Suche. Inklusive dem, was ich mir so nebenbei dafür aneignen mußte: z. B. Sütterlin-Schrift entziffern in Rezeptheften, die uns aufmerksame Leserinnen sandten, z. B. umrechnen von «Loth» und «Schoppen» und anderen Mengenangaben in heutige Mengen und Gewichte, z. B. das Übersetzen von italienischen und französischen Kochausdrücken aus alten Kochbüchern, z. B. das Verstehen von deutschen Ausdrücken, die ich als Schweizerin nicht kannte (die «Flotte Lotte», die «rote Bete»...).
Und dann gibt es noch eine zweite, eigentlich noch schönere Seite dieser Arbeit: Sie hat uns viele Freunde und Freundinnen gebracht. Solche, die unsere Sendungen treu und aufmerksam verfolgen, die uns viele Anregungen geben (und solche, die uns mit unzähligen Teigschabern, etlichen Topflappen, Mehlsieben, Kochlöffeln etc. versehen haben).

Wenn ich ein Fernsehprogramm durchblättere, die «Trends» beobachte, feststelle, was «in» und was schon wieder «out» ist, dann freut es mich ganz einfach, daß das, was alt und überliefert ist, als modern und aktuell gilt.
Logisch, daß wir über solche Zusammenhänge nachdenken. Vielleicht ist es aber einfach so, daß unsere Zuschauer spüren, daß diese Sendungen uns Spaß machen. Angefangen beim Prüfen der Rezepte, aufgehört bei den jeweiligen Aufzeichnungen. Unkompliziertes, gesundes Kochen («genau so hat es bei meiner Großmutter geschmeckt»), eine gemütliche, heimelige Atmosphäre in unserer Küche, gemeinsames Werkeln zweier älterer Partner – inklusive manchmal ein bißchen freundschaftliches Necken und Zanken: Wohlfühlen in einer behaglichen Umgebung.
Daß man dann das, was «die Zwei da» kochten, auch selbst nachkochen will, soll so sein – und dazu wünsche ich Ihnen gutes Gelingen und einen recht guten Appetit.

Herzlich

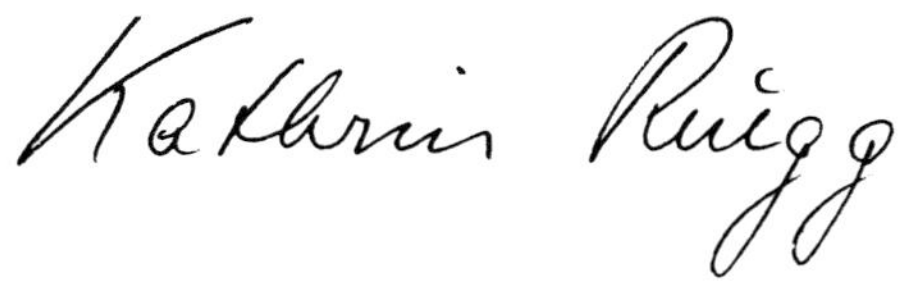

Vorwort

Im Mai 1996 wurde die 150. Sendung ausgestrahlt, die 150. Sendung der Reihe «Was die Großmutter noch wußte».
Vor 16 Jahren ist sie entstanden als ein Versuch, das, was sich in Küche und Haushalt bewährt hat, einer jungen Generation von Hausfrauen und Hausmännern nahezubringen und dabei die Augen nicht zu verschließen für neue Erkenntnisse der Ernährungswissenschaft und der Medizin.
Daß es dazu einmal Bücher geben würde, haben wir in jenen Zeiten des Anfangs noch nicht einmal geträumt.
Was es von Anfang an gab, waren Merkblätter, Merkblätter mit Zusammenfassungen und Rezepten der Sendungen. Zu jeder Sendung ein Merkblatt. So ist es bis heute. Ein Merkblatt, das wir kostenlos schreiben, das vom Südwestfunk vervielfältigt wird (bisherige Maximalauflage für eine einzelne Sendung: 40 000 Exemplare), das von Hilfskräften in Umschläge gesteckt wird, das die Zuschauer mit einem Freiumschlag anfordern können.
Wir haben jede andere Form abgelehnt, die unsere Zuschauer zum Geldausgeben zwingt, etwa durch Abdruck unserer Rezepte aus der Sendung in Zeitungen oder Zeitschriften oder durch den Verkauf von Büchern oder Broschüren mit diesen Rezepten.
Aber dann haben uns unsere Zuschauer gedrängt, doch auch Bücher zu machen. Nicht mit dem Inhalt unserer Sendungen, aber doch *zum* Inhalt unserer Sendungen, als Ergänzung zum Nachlesen und Nachschlagen.
Und so entstand 1984 unser erstes Buch «Was die Großmutter noch wußte». Es enthielt Rezepte und Geschichten zum Jahreslauf.
Das zweite Buch schrieb Kathrin – fast – ganz allein: «Als die Großmutter noch jung war». Sie erzählt darin von ihrer Jugendzeit in Arosa.
In den nächsten zwei Büchern «Vom Apfel bis zur Zwiebel» und «Essen wie damals» standen einzelne Lebensmittel im Mittelpunkt.
Dann kam wieder ein Buch, das aus der übrigen Reihe herausragt: «Kein Tag wie der andere». Zu oft hatten uns Zuschauer gefragt, wie das ist, wenn Großmutter-Sendungen produziert werden und wie sie zustande kommen. In diesem Buch haben wir über unsere Arbeit und über unsere Mitarbeiter berichtet.
Es folgte unser Winterbuch «Winterrezepte und -geschichten» und das «Gemüsebuch», in dem man Rezepte, Geschichten und viel Wissenswertes über Geschichte, Anbau, Qualitätsmerkmale der wichtigsten Gemüsesorten finden kann.
Unser vorläufig letztes Buch ist «Vom Elsaß bis ins Engadin». Es enthält Rezepte und Geschichten aus den Regionen, in denen man unsere Sendungen empfangen kann.
Unser Verlag, der Verlag Müller-Rüschlikon, hat die 150. Sendung zum Anlaß genommen, ein Florilegium, eine Blütenlese aus unseren sieben Büchern, herzustellen: aus jedem Buch ein Kapitel. Und diese Kapitel bestehen, wie immer in unseren Büchern, aus einem Geschichtenteil, mit vielen Sachinformationen, den ich geschrieben habe und einem Rezeptteil mit praktischen Tips aus der Feder von Kathrin. Zwei Kapitel bilden Ausnahmen, weil auch die Bücher, aus denen sie entnommen sind, Ausnahmen in der Reihe unserer Bücher darstellen: das Kapitel aus «Kein Tag wie der andere» haben wir beide geschrieben und beim Kapitel aus «Als die Großmutter noch jung war» ist Kathrin die Autorin von Geschichten und Rezepten.

So, und nun sollten Sie in unserem Buch blättern, «schnuppern» und Geschmack finden.

Alle Bücher der Reihe sind beim Verlag vorhanden und über Ihre Buchhandlung zu beziehen. Wenn allerdings Ihre Buchhandlung Schwierigkeiten haben sollte, können Sie sie auch beim SWF-Shop bestellen.

Und nun wünsche ich Ihnen viel Vergnügen beim Lesen und beim Nachkochen.

Kein Tag wie der andere
Abenteuer bei der Fernseharbeit

Wie alles begann, oder von den Folgen eines Regentages

Begonnen hatte es eigentlich damit, daß meine Eltern, ein seit zwölf Jahren kinderloses Ehepaar (um das Jahr 1930 mußte man sich mit so etwas abfinden) ins Tessin in Urlaub fuhren. Weiß der Himmel, war es der See, die Sonne oder der Chianti. Jedenfalls neun Monate später kam ich auf die Welt.
Wider Erwarten zur allergeringsten Freude meiner Mutter, die a) mit vierzig nicht mehr Mutter werden wollte und b) wenn schon, dann die Mutter eines Mädchens.
Aus dieser Vorgeschichte entstand bei mir etwas Irrationales: ein von Jahr zu Jahr wachsender Zug nach Süden. Als ich dreißig war, kam ich zum ersten Mal ins Tessin und verbrachte von da an allen Urlaub am Lago Maggiore. Nun verdient ein Fernsehredakteur nicht so viel, daß er mit Frau und Kind im Hotel Ferien machen kann. Also suchten und fanden wir am Langensee, der noch viel südlicher und romantischer ist, wenn man «Lago Matschjore» zu ihm sagt, eine Ferienwohnung, die wir zwanzig Jahre lang jährlich für einen Monat mieteten. In Gerra übrigens – aber in dem am Lago Maggiore. So eine Ferienwohnung kostet pro Tag weniger, als eine Person für ein Hotelzimmer pro Tag ohne Essen bezahlen müßte. Der Nachteil ist, man muß Betten machen, putzen und kochen.
Weil meine Frau erklärte, im Urlaub wolle sie dieses nicht, ich wiederum als sparsamer Schwarzwälder auf der Ferienwohnung bestand, kam ein Kompromiß zustande:
Ich übernahm im Urlaub das Kochen und das Einkaufen.
Als kreativer und leider auch verfressener Mensch, der ich bin, genügte es mir nicht, Spaghetti mit Tomatensoße zu machen, sondern ich versuchte mich schnell an all dem, was meine Mutter gekocht hatte, und was ich – wie jeder Mann – in der Ehe entbehrte. So wurde ich nicht nur im Urlaub zu dem, was man so merkwürdig abfällig «Hobbykoch» nennt, und ich begann, mich auf vieles zu besinnen, was meine Mutter gesagt und gemacht hatte.
Sie war, wie schon gesagt, vierzig Jahre älter als ich, und ihre Erinnerung an das, was meine Großmutter gesagt und gemacht hatte, reichte gehörig ins vorige Jahrhundert hinein, als es weder elektrischen Strom noch Gas, weder Staubsauger noch Waschmaschinen, weder Kühlschränke noch das Telefon gab, von Radio, Fernsehen und Autos ganz zu schweigen.
Somit waren die Weichen für das zukünftige Unternehmen «Was die Großmutter noch wußte» gestellt. Ich wußte nur nichts davon.
Und dann kam das, was Kathrin in einem anderen Buch erzählt hat.
Eines Tages standen in dem Bücherregal der Ferienwohnung zwei neue Bücher. Sie fielen mir durch ihre bunten Fotos auf den Schutzumschlägen auf.

Gegenüber Büchern mit bunten Fotos auf den Schutzumschlägen bin ich äußerst skeptisch. Also beachtete ich diese Bücher nicht weiter. Ich glaube, ich hatte mir in jenem Jahr irgend etwas kolossal Gebildetes von Kafka als Lektüre mitgebracht. Ich weiß nicht, wie es anderen Leuten geht: in den Urlaub nehme ich regelmäßig 5 bis 10 Bücher mit, die ich «längst schon einmal» lesen wollte, weil man die gelesen haben muß. Dann gehe ich am ersten Tag an einen Kiosk und kaufe mir einen Krimi «für zwischendurch». Nach 4 Wochen fahr' ich mit 8 neuen, aber gelesenen Krimis nach Hause und 5 bis 10 höchst anspruchsvollen Werken der Weltliteratur, von denen ich keins gelesen habe. «Im nächsten Urlaub bestimmt.» Die «Suche nach der verlorenen Zeit» ist so ein Werk, das mit mir jährlich wenigstens zwei bis dreimal verreist mit seinen 10 Bänden. Gelesen habe ich davon noch kein einziges Wort. Außer dem Titel natürlich.

Die Bücher mit den bunten Fotos las nicht ich, sondern meine Frau, die dann zu erzählen begann beim Mittag- und Abendessen. Sonst sahen wir uns ja nicht, weil sie urlaubte und ich einkaufte und kochte, was für mich längst höchstes Urlaubsvergnügen bedeutet. Meine Frau erzählte von Kathrin und Michelangelo, von Bankpleite und von pornografischen Fotos in der Maggiamündung, von Onkel Arthur und seiner Marmelade aus grünen Tomaten. Kurz, sie machte mich neugierig. Ich las an einem Nachmittag zwischen Geschirrabwaschen vom Mittag und Fleischküchlemachen fürs Abendessen Kathrins «Kleine Welt im Tessin» und von 10 Uhr abends bis 2 Uhr morgens «Dies ist mein Tal – dies ist mein Dorf». Das wärs gewesen, wenn nicht meine Frau gesagt hätte: «Wo ist denn dieses Froda?»

Wenn ich im Tessin etwas wissen will oder irgend etwas brauche, ziehe ich meinen Freund Bubi zu Rate. Dem offenbarte ich das Problem: wo wohnt Kathrin Rüegg.

«Ist für mich leicht, das zu erfahren», sagte Bubi.

Bubi ist Tessiner, spricht unzählige Sprachen, vom Tessiner Dialekt bis Arabisch. Französisch und Englisch sind für ihn einfachste Übungen, sein Hochdeutsch ist lupenrein, selbst die schwerste aller Sprachen beherrscht er: Schweizerdeutsch. Bubi ist Grafiker, macht wunderschöne Bilder, Plastiken aus Aluminium, Objekte aus allem Möglichen, Trickfilme, Plakate, Werbebroschüren. Außerdem trainiert er die Tessiner Polizisten im Judo. «Wenn dich einer aufschreibt, mußt du nur sagen, du bist ein Freund von Bubi...», kann alles, weiß alles und das noch besser. Sein Brot verdiente er damals als Grafiker und Gestalter beim Tessiner Migros. Und da hat er einfach die Fahrer der Migros-Autos, die tagtäglich in die Täler des Tessins fahren, gefragt: Weiß keiner, wo die Kathrin Rüegg wohnt?»

Der Fahrer vom Verzascatal wußte es. Keine acht Stunden, nachdem ich Bubi gefragt hatte, rief er an: «Sie wohnt in Gerra Verzasca.» Mir war zumute wie einem erfolgreichen Spion. Ich zeigte meiner Frau auf der Karte Gerra, das andere Gerra.

Am Nachmittag fuhr ich einkaufen in ein Einkaufszentrum bei Cadenazzo, und weil ich schon unterwegs war, fuhr ich das Verzascatal hinauf, einfach so, und schaute mir mal dieses Gerra-Froda an. Irgendwo mußte auf der anderen Seite des Flusses ein Rustico, ein Tessiner Haus liegen mit Kaninchenstall und Seilbahn.

Ich fand es, stand auf der hübrigen Seite bei der Post und dem Telefonhäuschen, schaute hinüber und fuhr wieder heim.

Ich wäre nie auf die Idee gekommen, Kathrin zu

besuchen. Ich habe eine große Scheu, fremde Menschen zu besuchen nur aus Neugier. Wenn die Neugier dienstlich, journalistisch begründet ist, selbstverständlich, aber nicht aus privater nackter Neugier! (Gier!!)

Und so hätte ich nie Kathrin kennengelernt und sie nie mich, und 60 Fernsehsendungen wären nie gemacht worden, 5 Bücher nie geschrieben, wenn nicht Karin gewesen wäre. Zu meinen beruflichen Aufgaben gehört unter anderem auch das Jugendprogramm. Und Karin war Redakteurin desselben.

Karin war verheiratet mit einem Amerikaner, trug deshalb einen amerikanischen Namen, im übrigen kannte sie die halbe Welt, Nord- und Südamerika sowieso und Afrika, weil sie von Kapstadt durch den ganzen Kontinent getrampt war. Per Autostop durch die Sahara, das war wirklich was.

Sie suchte einen Stoff für eine Familienserie. Ich erinnerte mich an Kathrins Bücher. Ich fand, die ganze Geschichte von Kathrin, von Hunden, Katzen, Schafen und Eseln gäbe schon eine rechte Familienserie. Vor allem, wenn man eine kleine Liebesgeschichte einfügen würde. Da mit dem Michelangelo, da war doch sicher was: Liebe, Suff, Knast, Wiedersehen. Was für ein Stoff! Und dazwischen immer wieder Schafe. Karin kaufte die Bücher, und eines Tages, es war ein ganzes Jahr nach meinem ersten Besuch im Verzascatal – ich war wieder im Tessin im Urlaub –, rief Karin an, sie wolle nunmehr Kathrin kennenlernen in ihrem Reich.

Ich rief Kathrin an, stellte mich vor, sagte mein Sprüchlein. Kathrin sagte ja. Und ein paar Tage später holte ich Karin in Bellinzona ab, um sie zu Kathrin Rüegg zu bringen. Ich fuhr auf den Parkplatz, wo die Brücke über den grünen Fluß führt. Karin stieg aus. Ich nahm ihre Tasche.

«Werden wir sehr enttäuscht sein?» sagte sie.

«Warum?»

«Weil ein Buch eins ist und die Wirklichkeit ein anderes.»

«Du meinst, wenn man ein Buch schreibt über eine Sache, verändert sie sich, nimmt ein Eigenleben an, hat zum Schluß mit der Wirklichkeit nichts mehr zu tun?»

Als wir zum Haus hinauf gingen, begegnete uns eine rote Katze, flauschige Wonne verbreitend, ließ sich von mir streicheln, rieb ihren Kopf an meinem Bein, schnurrte und schritt dann würdevoll vor uns her.

«Das ist Fritzli», sagte Karin.

Fritzli war die erste Wirklichkeit aus Kathrins Reich, die mir begegnete. Fritzli war viel lieber als im Buch. Aber halt anders. Ich begann für mein Bild von der kleinen Welt zu fürchten.

Und dann waren da Kathrin und Susi und Bona und weitere Katzen und Kathrins winziges Haus mit dem, was sie «Puff» nennt, womit sie das Durcheinander in ihrem Haus meint, nicht das, was Sie – vielleicht – denken.

Und Kathrin, entsprach sie dem Bild, das ich mir von ihr gemacht hatte? Merkwürdigerweise ja. Es gibt Leute, mit denen kann man auf Anhieb reden, sie verstehen einen, man versteht sie. Das hängt offenbar mit der «Wellenlänge» zusammen. Mit Kathrin war das auch so. Trotzdem, ich kam mir als Eindringling vor, ich fühlte mich deplaziert im winzigen Häuschen. Verabschiedete mich, so schnell es irgend ging. Die Karin blieb, es sah so aus, als fühle sie sich daheim.

Ich, Kathrin, habe in meinem Kopf ein Fotoalbum: Momentaufnahmen von Personen, Eindrücken. Darin gibt es auch ein erstes Bild von Werner. Ein

etwas verwackeltes Polaroid-Schwarz-Weiß-Bild. Die rundlichen Konturen eines Touristen. Eines Mannes, der mich vor ein paar Tagen telefonisch gebeten hatte, mir eine Dame vorstellen zu dürfen, die daran interessiert sei, mein erstes Buch zu verfilmen.
«Auf was für ausgefallene Ideen die Leute doch kommen, um sich bei mir einzuschleichen», schoß es mit durch den Kopf. Aber die Stimme des Mannes hatte sympathisch geklungen, klar, präzise – und in jenem Dialekt, den wir Schweizer «schwöbele» nennen, auch wenn es badisch ist. – Aber davon sehr Wichtiges später. Als gut erzogene Schweizerin gab ich ihm auf Hochdeutsch Antwort – und er sagte: «Ich verschtand au Schwizerdütsch.» Das erhöhte die Sympathie noch und ich erklärte mich bereit, die Dame zu empfangen. Sie mußte halt mit unserer damals noch sehr primitiven Behausung vorlieb nehmen, denn – so stellte es sich schließlich heraus – die Dame wollte ein Wochenende bei uns verbringen. Sozusagen als Studium vor Ort. Na, das war ja nicht ganz unbescheiden. Aber was soll's? Die Dame würde sich uns anpassen müssen: ein winziges Klo mit einer noch winzigeren Dusche, Warmwasser aus dem Butangasspeicher. Viele Katzen, zwei Hunde, die überall herumwuselten, Schafe, Hühner, Esel, Kaninchen, die alle besorgt werden mußten. Meine damaligen Hausgenossinnen, Susi und Fränzi und ein mir soeben von der Fürsorge zugewiesenes finsteres Mädchen namens Erika, das vorher in einem Erziehungsheim untergebracht war, weil es Aufsicht brauchte: Gefahr von Drogenkonsum.
Erika schlief im Wohnzimmer. Die zweite dort befindliche Schlafstelle würde die Dame bekommen. Karin hieß sie. Der Mann («Ich bin der Feißt vom Südwestfunk», hatte er sich vorgestellt) lieferte Karin bei mir ab und ging nach zwei Minuten Höflichkeitsgeplauder (ich auf Schweizerdeutsch) eiligst wieder fort. So schnell, daß ich vermutete, er fürchte sich vor meinen Hunden und Katzen.
Karin war genau die Sorte Mensch, die zu uns paßte. Sie freundete sich mit Susi, Fränzi, den Hunden, den Katzen und mir in kürzester Zeit an. Das Mädchen Erika blieb auf Distanz. Zu Karin wie zu uns allen. Karin ging mit uns zur Weide, half bei der Tierfütterung, im Garten, in der Küche.
Wir besprachen auch, wie sie sich den Film etwa vorstellte. Ich überlegte mir, welche Orte speziell geeignet für die Aufnahmen seien.
Einerseits gefiel mir der Gedanke, mein Buch verfilmt zu wissen, zunehmend besser – andererseits aber fürchtete ich mich davor. Bis jetzt war das allein mein Kind gewesen.
Bloß den Titel, dies Namen, hatte ich ihm nicht selbst geben dürfen. Das hatte sich der Verlag im Vertrag ausbedungen (im Nachhinein gesehen: er tat gut daran. Der Titel «Kleine Welt im Tessin» war hundertmal besser als der Titel, den ich vorgeschlagen hatte.).
Bei einem Film kam es darauf an, wie das Drehbuch gestaltet wurde. Eines war sicher: Wenn die mir eine Liebesaffäre mit Michelangelo anhängen wollten, dann würde ich mich mit Händen und Füßen dagegen wehren. Meine Geschichte war so, wie sie im Buch stand. Und durfte also auch im Film nicht zur seichten Liebesromanze umfunktioniert werden.
Weiter würde es auf die Darsteller ankommen. Sollten die sich bloß unterstehen, eine schöne Sexbombe als Kathrin Rüegg auftreten zu lassen.
Nicht mit mir!
Ich merkte, daß etwas in mir sich gegen das Projekt sträubte. Da half auch die Sympathie nichts, die Karin mir und ich ihr entgegenbrachte. Ich fürchtete

mich vor dieser Filmidee – und gleichzeitig reizte sie mich.
Der Sonntag war turbulent.
Wir wollten alle miteinander, Karin, Susi, Fränzi, Erika und ich, eine Wanderung bis zum hintersten Dorf im Tal machen. Unterwegs verschwand Erika. Susi und Fränzi rannten ihr nach, denn wir vermuteten, Erika wolle mit dem Expreßbus, der ohne Halt bis Locarno fährt, dorthin fahren, vermutlich um Drogen zu kaufen.
Es war wirklich so. Susi und Fränzi verfolgten den Bus im Auto von Freunden, die sie zufälligerweise angetroffen hatten. Ich alarmierte unterdessen die Polizei in Locarno, denn ich hatte mich verpflichtet, Erika zu beaufsichtigen. Infolge eines Mißverständnisses wurden sowohl Erika als auch Susi und Fränzi festgenommen. Ich mußte ebenfalls nach Locarno fahren, um alle drei im Polizeiposten abzuholen. Karin fuhr mit.
Na ja, sie hatte so eine Nase voll von meinem «geruhsamen Leben in der Abgeschiedenheit der heilen kleinen Welt im Tessin» bekommen.
Das alles tat ihrer Begeisterung überhaupt keinen Abbruch. Sie war entschlossen, sich die Filmrechte zu sichern. Und am Montag holte sie «der Feißt», der diesmal nur bis ans Gartentor kam, wieder ab.
Ein paar Monate später hörte ich vom Verlag, daß Karin die Optionszeit ungenutzt hatte verstreichen lassen. Das Projekt hätte sich zerschlagen. Wahrscheinlich blieb die finanzielle Frage ungelöst.
Eigentlich war ich froh darüber.
Karin schrieb uns, sie fahre für längere Zeit nach Amerika. Erika mußte wieder in ihr Erziehungsheim. Ein paar Monate später kam sie endgültig hinter Gitter. Sie hatte an einem bewaffneten Raubüberfall auf einen Supermarkt teilgenommen. Und «der Feißt»? Den hatte ich schlicht und einfach vergessen – eben wie man ein verwischtes schwarzweißes Polaroidfoto nicht aufbewahrt.

Im Jahr nach meinem ersten Besuch bei Kathrin war «der Feißt», also ich, wieder im Tessin, zwecks Urlaub. Und eines Tages wanderte ich den wunderschönen Weg, der in Mergoscia beginnt und über Corippo, Lavertezzo, Brione, Gerra nach Sonogno führt, immer an der Verzasca entlang.
Im Sommer ist es kühl unter den Ebereschen und Kastanien am Weg, und es gibt mehr herrliche Plätze zum Rasten und Picknicken, als man benutzen kann, will man weiterkommen als nur bis Brione. Dabei beginnen dort überhaupt erst die allerschönsten! Und Gumpen hat's, um Füße, Bauch und Brust zu kühlen, falls der grüne Fluß nicht zu kalt ist.
Aber das ist er fast immer.
Das Auto hatte ich an der Brücke von Lavertezzo stehen lassen. Ich hatte mir also von vornherein den unteren, d. h. den halben Weg geschenkt. Es war ein Tag Ende August, der Sommer ging zu Ende, meine Ferien auch.
Etwa um den 10. August herum gibt es im Tessin regelmäßig einen Wettersturz. Meistens mit wolkenbruchartigem Regen und Sturm (1978 habe ich erlebt, wie der Lago Maggiore in 24 Stunden durch den Regen um 2 Meter stieg. Das war die große Buzza, deren Auswirkungen in den Tälern des Tessins bis heute zu sehen sind.).
Auf alle Fälle aber ist es nach dem Wettersturz nicht mehr so heiß wie davor, es liegt über dem See kein bleiernes Dach aus Dunst mehr, man kann am See wieder durchschlafen und frei atmen. Und droben in den Bergen ist es von da an kristallen klar. Die

Farben leuchten. Ins satte Grün der Wälder mischt sich zaghaft das erste frühe Gelb welker Blätter und flüstert vom Herbst, der bald kommen wird. Dies ist mir die liebste Zeit.
Ich zog also diesen Weg, hatte eine Flasche Wein dabei, weißes Brot und eine Bauernsalami.
Gegenüber von Brione gibt es auf einem vom Wasser glattgeschliffenen riesigen Felsen eine kleine Kapelle. Dort habe ich gerastet und einen kleinen Imbiß genommen. Das ist übrigens für mich der schönste Platz im ganzen Verzascatal. Der Fels ist von der Sonne warm. Ein kleiner Rasen schafft eine weiche Unterlage zum Liegen oder zum Sitzen, wenn ich mit den Beinen über dem Fluß baumle und auf der Flöte der Madonna in dem kleinen Kirchlein ein Lied spiele.
Zum Brot schnitt ich mir dicke Scheiben von der Wurst. Obwohl ich Durst hatte, machte ich den Wein nicht auf. Wein schmeckt nur in Gesellschaft. Drum nahm ich ihn wieder mit, als ich weiterging. Ich wußte, daß ich kurz darauf durch einen Weiler kommen würde mit einem Brunnen, der dem Wanderer ein herrliches Wasser schenkt. Also hatte ich die Flasche noch bei mir, als ich einige Zeit später an Kathrins Reich vorbeikam. «Warum sagst du ihr nicht Guten Tag, trinkst mit ihr den Wein am Tisch unter dem Nußbaum?» dachte ich. Aber dann befiel mich wieder jene Scheu, die ich habe, wenn es darum geht, fremde Menschen auch nur anzusprechen: die Scheu des Wäldlers halt wegen seiner schwerfälligen Sprache. Das verstehen nun sicher die Hochdeutschen nicht. Die Schweizer bestimmt ein klein wenig besser. Aber im allgemeinen sind Hochdeutsche und Schweizer so in ihrer Sprache daheim, sozusagen von ihr auf Schritt und Tritt umgeben, daß ihnen die Erfahrung nie zuteil wird: wegen ihrer Sprache verachtet zu werden. Der Wäldlerbub – ich bin zwar in der Stadt geboren und aufgewachsen, aber meine Mutter hat nie etwas anderes mit mir gesprochen als den Dialekt des Hexentales, wo sie herkam –, dieser Wäldlerbub spürte also früh, daß ihn seine Sprache als Unterschichtkind auswies.
Alle, Mitschüler, Lehrer, Pfarrer, die Leute in den Geschäften, sie sprachen so schön, für mich beneidenswert schön Hochdeutsch. Und was sprach ich? Ich erinnere mich deutlich, wie ich zum ersten Mal Hochdeutsch zu sprechen versuchte. Ich war bestimmt schon zehn. Ich ging in einen Laden und sagte: «Ich hätte gerne einen Bleistift.» Niemand nahm von meinem Versuch Kenntnis. Ich aber muß rot gewesen sein bis zu den Ohren vor Verlegenheit und Scham.
So etwas verliert sich nicht. Die Scheu, mit Fremden zu reden, muß von mir bis heute immer wieder überwunden werden. Manchmal äußert sich das ins Gegenteil, in zu viel Reden. Kathrin kann ein Lied davon singen. Aber so weit bin ich noch nicht.
Indem ich mir zuredete, eben grad erst recht zur Kathrin zu gehen, mich zu überwinden, fiel mir auch noch ein, daß ich eigentlich ein schlechtes Gewissen Kathrin gegenüber hätte. War es nicht ich, der die Karin zu Kathrin geschickt hatte wegen der Filmserie. Wie stand ich jetzt da, wie stand der Südwestfunk da, nach dieser Pleite mit Karin.
Und da kam mir der Gedanke, ich könnte selber einen Film über Kathrin und ihr kleines Reich machen. Keine Spielserie allerdings, sondern eine Dokumentation. Wie, das war mir zwar noch nicht klar, auch nicht, wo ich eine solche Sendung ausstrahlen sollte, schließlich umfaßte mein damaliges Fernseh-Reich nur die Bereiche Wissenschaft, Tele-

kolleg und Schulfernsehen. Eines war allerdings klar, ich hatte plötzlich einen Grund, Kathrin zu sprechen, einen dienstlichen Grund sogar, und mit einem dienstlichen Grund rede ich mit jedem Menschen auf dieser Welt.
Vermutlich hat Kathrin jenen Besuch vergessen. An einem Tag im August 1980, wo aus schlechtem Gewissen und dem Wunsch, im Tessin einen Film zu drehen, die erste Zusammenarbeit mit Kathrin begann. Beim Trinken der von mir mitgebrachten Flasche Wein.
An einem Tag wie jeder andere für Kathrin. Für mich aber war es kein Tag wie die anderen.

Also an diesen Besuch vermag ich mich wirklich nicht zu erinnern, wohl deshalb, weil Werner für mich einfach einer von den vielen Besuchern war, solche, die die Mädchen «Pilger» getauft haben. Sicher weiß ich noch, daß mich im September der Anruf in unserem kleinen Laden erreichte. Ich war dabei, Brot auszupacken, denn damals besorgten wir die Brotverteilung im ganzen Dorf.
«Da ist wieder der Feißt vom Südwestfunk.»
Das Foto aus dem Hirnspeicher trat vor mein inneres Auge. Es ging Werner darum, für das Schulfernsehen eine Sendung zu machen, «Gebrauchsliteratur».
Dafür war ich Feuer und Flamme. Schulfernsehen! Da war das Problem der Liebesgeschichten und der Sexbomben von vornherein ausgeschlossen. Aber jede Menge Natur konnte man hineinpacken: Wasser, Steine, Berge, Wälder, Pflanzen. Und meine Tiere! Ob die Katzen mitmachen würden? Aber eines war sicher, damit würde wohl bewiesen werden, daß ich wirklich am schönsten Ende der Welt lebte, daß mein Haus wirklich winzig und windschief war. Und überhaupt: keinen einzigen negativen Aspekt hatte das Ganze.
Daß ich vor einer Fernsehkamera weder Scheu noch Lampenfieber hatte, wußte ich. Das Schweizer Fernsehen war einmal bei mir gewesen, zwei- oder dreimal hatte man mich zu Talk-Shows eingeladen. Also: Der Feißt vom Südwestfunk konnte kommen.
Vorerst zu einer Besichtigung und Besprechung.
Er kam – und mir wars, als hätte ich ihn schon immer gekannt. Vor Katzen und Hunden hatte er eine gewisse Scheu. Er erschrak jedesmal sichtlich, wenn Tasso ihm die Pfote auf das Knie legte. Aber Tasso hatte ihn vom ersten Moment an zutiefst in sein Hundeherz geschlossen. In der Weiberwirtschaft meines Hauses hatte Tasso, der Rüde, einen Meister vermißt.
Wie lange Werner damals bei uns blieb, weiß ich nicht mehr. Eine Woche, zehn Tage vielleicht. Eine Zeit, angefüllt mit vielen guten Gesprächen. Ich bin im allgemeinen nicht sehr gesprächsbereit, lasse mir nur ungern in die Karten schauen. Aber einem, den man seit jeher zu kennen scheint, öffnet man die Türen schneller.
Dann kam jener denkwürdige Drehtermin. Eine Woche war eingeplant. Eine ganze Woche für einen Film von – na ja – vielleicht einer halben Stunde. Damals schien mir das in keinem rechten Verhältnis zu stehen. Damals.
Sie kamen also: Werner, der Autor, Hansjörg, der Kameramann, Hans, der Tonmann, Annette, Werners Assistentin – jene Woche ist unvergeßlich.
Es war Anfang November, der Laden war noch in Betrieb, die Tiere mußten versorgt werden, wir aßen meist bei uns zu Hause: So verloren wir am wenigsten Zeit.
Abwechslungsweise wurden wir für verschiedene

Filmsequenzen als Darsteller gebraucht. Das begann schon mit der Morgendämmerung. Es sollte gefilmt werden, wie unser Tag beginnt: Zu allererst, wie wir die Tiere besorgen.
Sie schleppten ihre Kamera an. Das Stativ schepperte zu Boden: Meine Katzen würden da nicht mitmachen, so viel fremde Leute und dann noch die Apparaturen.
Weit gefehlt!
Schnurrli war das, was man «fernsehgeil» nennt. Er schien nur darauf zu warten, sich in allen möglichen Positionen vor der Kamera zu zeigen. Weil Schnurrli schneeweiß war und deshalb entsprechend auffiel, fluchte Hansjörg bald einmal über ihn. Moses, Fritzli, Fluffi, Sissi, sie alle zeigten sich von ihrer allerbesten Seite, als wüßten sie, es kommt darauf an.
Nächstes schwieriges Problem war meine Nachbarin Emilia. Um jeden Menschen, den sie mit einer noch so winzigen Kamera sieht, macht sie einen riesigen Bogen. Kann sie nicht ausweichen, dann schimpft sie lautstark, damit ja niemand wagt, sie abzulichten.
Mit dem Teleobjektiv gelang es Hansjörg, sie zu filmen, als sie gerade mit mir schimpfte, weil ich die Tür in einem Zaun offengelassen hatte. Ich fragte ihre drei Geschwister, ob Emilia mir böse sein würde, wenn sie sich selbst im Film sähe.
«Denkst du», sagte ihr Bruder Olimpio, «stolz wird sie sein – das aber niemals zugeben.»
So war es auch. Aber damit habe ich vorgegriffen.
Am dritten Tag, das weiß ich noch ganz genau, waren Hansjörg, Hans und Annette unterwegs, um Landschaftsaufnahmen zu machen. Werner saß bei mir im Laden und schaute und hörte mir zu.
Daß ihn Dinge interessierten, über die Männer normalerweise lächelnd hinweggehen oder die sie überhaupt nicht beachten, das wußte ich schon. Aber daß es ihn nicht langweilte, stundenlang auf dem unbequemen Stühlchen zu sitzen und zuzuhören, was ich mit den einheimischen Frauen sprach, die ihr Brot abholten, und mit den Touristen, die Wolle kauften oder Honig oder Marmelade, das wunderte mich schon. Damals bot ich erst zwei Sorten Marmelade an:
Diejenige aus grünen Tomaten, die ich nach dem Rezept von Onkel Arthur kochte, der es von seiner Mutter, also meiner Großmutter her kannte. Die zweite war die aus Kornelkirschen, einer Wildfrucht, die bei uns häufig vorkommt und die meine Großmutter väterlicherseits einzukochen pflegte.
Und ein Gespräch zwischen Werner und mir über die Kornelkirschenmarmelade und die Herkunft dieses Rezepts von meiner Großmutter gab Werner die Idee zu unserer Sendereihe «Was die Großmutter noch wußte».
«Wie wäre es, wenn du eine Sendung machen würdest, über all die Dinge, die unsere Großmütter noch wußten, die unsere Generation aber vergessen hat»? sagte er.
(Erst jetzt, gerade in dem Moment, in dem ich den letzten Satz geschrieben habe, fällt mir ein, was alles in meinem Leben durch die Konfitüren-Kochrezepte meiner beiden Großmütter verändert worden ist.
Zu Anfang meiner Tessiner Zeit, als es mir finanziell hundsmiserabel ging, habe ich mich durch das Kochen von Marmelade aus grünen Tomaten über Wasser gehalten.)
Wie spannend das doch ist: Du denkst an nichts besonderes, lebst deinen Werktag wie tausend andere, freust dich über das, was dir gerade begegnet. Dann kommt eine unsichtbare Hand, dreht den Wegweiser deines Lebenspfades um fünfundvierzig Grad – und vieles wird anders. In diesem Fall noch

bunter, noch abwechslungsreicher, mit noch mehr Begegnungen. Und in diesem Fall ist das Schöne daran, daß ich mein bisheriges Leben weiterführen kann. Aber von dieser Art Leben hatte ich auch so lange geträumt. Die hätte ich für nichts in der Welt wieder hergegeben.

An das Telefonat erinnere ich mich auch noch. Ich fragte, ob Frau Rüegg wohl bereit und willens sei, über sich und ihr Werk einen Film machen zu lassen. Und ob ihr die Drehzeit Ende Oktober, Anfang November passen würde. Sie war willens und bereit, und die Drehzeit paßte ihr auch. Sie tat allerdings etwas erstaunt über das Ganze, und ich merkte schnell, sie hatte meinen Besuch im August völlig vergessen, meinen Vorschlag jedenfalls nicht weiter ernst genommen.

Ein bißchen war ich schon enttäuscht: So wenig hatten also ich und mein Vorschlag Eindruck auf sie gemacht.

Andererseits sagte sie allerdings nach drei Minuten Telefonat, in dem es dann schon um Details ging, ich solle doch um Gottes willen das «Frau Rüegg» lassen und vor allem nicht dauernd «Gnädige Frau» sagen, sondern ganz einfach «Kathrin» und «du». Das war nun wieder für mich überraschend, gefiel mir aber sehr.

Ich kam also ins Verzascatal. Der Spätherbst hatte die Blätter der Buchen und Kastanien gelb und braun und rot gefärbt. Ein Reif hatte die Wiesen und den Wald weiß überhaucht, und zwischen den Talwänden hing ein tiefer wattiger Himmel. Am Ufer der Verzasca, dort, wo das Wasser steht oder langsam fließt, gab es schon einen gläsernen Eisrand.

Ich liebe den Herbst, ich liebe den Herbst im Verzascatal. Ich finde, Herbst und früher Frühling sind bedeutend schöner als der Sommer mit seinem schwülstigen, aufdringlichen Grün. Kathrin hatte für mich ein Rustico gemietet, vorsichtig bei mir rückfragend, ob ein Rustico, allein, in einem Wald, wo ich selbst für mich sorgen müßte, wohl auch fein genug sei für mich.

Und dann trottete ich eine Woche hinter Kathrin her, begleitete sie auf – fast – jedem Schritt, lernte ihr Reich kennen und sie.

Mein Beruf, der Beruf des Filmemachers, ist der schönste auf der Welt! Aber das Schönste an diesem Beruf ist, daß ich Menschen und Sachen so kennenlernen kann wie niemand sonst. Da wollte ich einen Film über ein Athos-Kloster machen: Vier Tage lang gaben mir Mönche Privatunterricht in orthodoxem Mönchtum, führten mich in alle Winkel ihres Klosters, an Orte, die nie jemand zu sehen bekommt, selbst in ihre Zellen. Auf diese Weise gehörte mir allein drei Tage lang die Alhambra, von 8 Uhr in der Früh bis um 10 Uhr, wenn die Touristen kommen. Und ich konnte ganz allein gehen, wohin ich wollte, in die Paläste und die Gärten. Das unvorstellbare Licht des Morgens im Löwenhof genießen, dem Plätschern des Brunnens lauschen, das durch kein anderes Geräusch gestört wurde, und mich in die Zeit träumen, wo der Boabdil sich hier mit seinen wunderschönen Frauen erging...

So zeigte mir Kathrin nicht nur ihr Reich, sondern auch viel von sich selbst. In langen Gesprächen erzählte sie mir ihr Leben, zeigte sie mir ihre Art, das Leben und die Welt zu sehen. Das alles habe ich im Film natürlich – nicht gesagt. Wenn man einen Film macht, muß man ganz in das Wesen des Gegenstandes oder des Menschen eindringen, den man darstellen will, man muß ihn zu verstehen versuchen und fast mit ihm identisch werden.

Nur dann kann man mit den Bildern des Films angemessen über den Gegenstand oder den Menschen sprechen bzw. schweigen. Diskret schweigen.

Denn jede Sache und jeder Mensch hat sein Geheimnis, das nur ihm gehört. Nur wenn der Filmemacher das Geheimnis kennt, kann er von der Sache oder von dem Menschen sprechen. Aber das Geheimnis muß er wahren. Darum ist Filmemachen eine Vertrauenssache. Nur miese Kollegen respektieren die Intimsphäre von Menschen und Sachen nicht. Man muß sich, wenn man verantwortlich Filme macht, immer fragen, was muß gesagt und gezeigt werden, ohne Sache oder Mensch zu verletzen. Je mehr man aber weiß, desto besser kann man die Wahrheit sagen, unverkürzt, ohne die sensiblen Bereiche zu berühren.

Diese Tage mit Kathrin waren merkwürdig. Natürlich hatte ich alle ihre Bücher gelesen, zum Teil mehrmals. Kathrin und ihre Welt lebten also in meiner Vorstellung sehr konkret. Aber da war nun auf einmal die Wirklichkeit. Und diese Wirklichkeit entsprach in vielen Punkten nicht meinen Vorstellungen. War einfach anders, gewöhnlicher, alltäglicher, banaler, weniger schön als in meiner Vorstellung. Das ist die Kraft der Phantasie, die im Leser von Büchern eine eigene Welt schafft, unverwechselbar, jeweils gespeist aus den eigenen Wünschen und Träumen. Das unterscheidet das Buchschreiben vom Filmemachen. Das Buchschreiben schafft Bilder in der Vorstellung der Menschen. Das Filmemachen liefert die Bildschablonen für die Träume und Wünsche.

Das andere begann mit der Lage des Dorfes und des Hauses von Kathrin: Ich hatte mir Froda einfach in jener schönen Gegend des Tales vorgestellt, wo das Tal eng ist und wo auf der anderen Seite des Tales, auf die man von der Straße herunterblickt, Bauernhäuser inmitten von satten Wiesen an einem Waldrand liegen. Also dort etwa, wo der Weiler Gana so afrikanisch klingt. Kathrins Haus hatte ich mir puppiger vorgestellt, sozusagen «schöner Wohnen» auf ländlich. Aber die Esel waren Esel, die Hühner Hühner, die Hunde Hunde, nur die Katzen, Fritzli und Moses, Fluffi und Schnurrli, Sissi und Tintin waren richtige Charaktere, hatten mit den schlichten Pussikatzen meiner Vorstellung überhaupt nichts zu tun. Kathrins Katzen sind bis heute mein ganzes Entzücken.

Alle Vorstellung aber übertraf Kathrin. Sie kennenzulernen, war einfach ein Geschenk.

Aus dem Zusammenstoß von vorgestellter, sozusagen literarischer Wirklichkeit und der wirklichen Wirklichkeit La Motta entstand die Konzeption des Films: Ich wollte einfach Kathrins Texte auf die Wirklichkeit prallen lassen. Also besteht der Kommentar des Films (den man übrigens heute als Video bei Kathrin kaufen kann) aus einer Montage von Texten aus Kathrins Büchern, von ihr selbst gesprochen. Daruntergelegt sind einfach die Filmbilder des Tales, des Dorfes Froda, sprich Gerra, von Kathrins Haus, von Kathrins Gefährtinnen, von ihren Tieren.

Ich hatte das Glück, mit einem Kamerateam arbeiten zu können, das ebenso sympathisch wie künstlerisch kompetent war. Hansjörg, der Kameramann, trägt einen berühmten Namen: sein Vater gehörte als Kameramann zu den deutschen Filmpionieren, hatte Filme gedreht, die Filmgeschichte gemacht haben, und Hansjörg selbst hatte sozusagen den Kamerablick des Vaters geerbt. Es ist entscheidend, daß sich Filmemacher und Kameramann möglichst gut in der Sache verstehen. Der Filmemacher sagt, was er zeigen, was er ausdrücken will, der Kameramann macht ein Bild daraus. Das scheint so einfach und

selbstverständlich. Und doch: ein- und dieselbe Sache, ein Baum, eine Blume, ein Stein, drücken – unterschiedlich aufgenommen – ganz Unterschiedliches aus. Auch dann, wenn der Zuschauer die Feinheit der Aufnahme wie selbstverständlich hinnimmt, sagt ihm das Bild je nachdem etwas anderes. Ja, es kann leicht sogar falsch sein, dem Text widersprechen, ihn umdeuten und verfälschen. Hansjörg und ich verstanden uns, und wir tun es bis heute. Hansjörg arbeitete mit einer Video-Kamera (obwohl ich hier immer wieder von Film rede), und Abend für Abend saßen alle Beteiligten in meinem Rustico, der Casa Romantica, am Feuer, tranken Rotwein, aßen Käse, den Kathrin mitgebracht hatte, und schauten die Aufnahmen an, die wir an diesem Tag gemacht hatten. In Kathrins damaligem winzigem Haus wäre nicht genügend Platz gewesen für uns alle, für Kathrin, ihre Mädchen, Susi, Margrit, Heidi, Eveline, Marianne, für Annette, meine Assistentin, für Hansjörg, Hans, mich, den Recorder und den Fernseher, Monitor genannt.
Am zweiten Tag der Aufnahmen tauchte übrigens ein Herr im Lodenmantel auf, der uns Kathrin für ein paar Stunden entführte. Sein riesiger Blumenstrauß, den er Kathrin brachte, lebt bis heute als Bildunterlage für die Schlußtitel im Film, seine Stimme ist einen Augenblick lang während der Lädeli-Bilder zu hören. «Wer war das?» fragte ich beiläufig Kathrin, als er bald nach dem Mittagessen gegangen war.
«Es war der Mann vom Telegraphenamt», sagte Kathrin mit einem feinen Lächeln. Der Mann vom Telegraphenamt hatte bekanntlich auf dem Monte Valdo die schwerverletzte Kathrin im offenen Graben für die Wasserleitung, in den sie gestürzt war, nach Tagen gefunden und ihr so vermutlich das Leben gerettet. «Und der besucht dich?» fragte ich, vielleicht ein bißchen zu naiv, denn ich wußte, wer er war.
«Seit langer Zeit zum ersten Mal», sagte Kathrin, und es war kein bißchen Traurigkeit in der Stimme.

Ich frage über den Tisch: «Du, Kathrin, ist er seit unseren Aufnahmen damals noch einmal gekommen?»
«Nein, damals vor zehn Jahren war es das letzte Mal.»

Im Frühjahr 1981 wurde unsere Sendung ausgestrahlt, übrigens nicht nur im Schulfernsehen, wo sie seit damals zweimal im Jahr bis heute ausgestrahlt wird, sondern auch in einer langen Fassung im Abendprogramm.

Die Aufnahmen waren fertig. Unsere Freunde – in einer Woche waren wir Freunde geworden – verließen uns. Zurück blieb eine Lücke. Und die Vorfreude und Spannung auf Baden-Baden. Denn unser Film mußte noch «synchronisiert» werden.
Darüber erschrak ich zuerst. «Synchronisieren» heißt doch, den ursprünglich in einer anderen Sprache gesprochenen Text dem Darsteller sozusagen maßgeschneidert in den Mund legen.
Synchronisieren heißt aber auch, einfach einen Text zum Film sprechen. In diesem Fall waren es mit ganz winzigen Ausnahmen aneinandergereihte Zitate aus meinen Büchern. Werner wollte, daß ich sie selbst las, das bedeutete also für mich eine Reise nach Baden-Baden.
Baden-Baden im November. Es war trüb und neblig. Über der Lichtenthaler Allee lag jener Novemberzauber, der die roten Beeren des Feuerdorns leuchten läßt. Die Rhododendronbüsche mit ihren Blüten-

knospen verheißen dem, der sie sieht, bereits das nächste Frühlingsblühen.
Leute, die ich gerne mag, versuche ich auf Novemberschönheiten aufmerksam zu machen. Werner, der den Herbst liebt, aber das haßt, was er «Allerseelenstimmung» nennt, war empfänglich dafür und sagte mir erstaunt, so hätte er das noch nie betrachtet.
Der Südwestfunk ist ein riesiger Komplex von etlichen Gebäuden, die gerade so gut Forschungslabors oder etwas ähnliches enthalten könnten. Die vielen Leute waren verwirrend, das Labyrinth der Gänge, Treppen, Aufzüge, große und kleine Studios, Tonstudios, Schneideräume, Grafik, Werkstätten, Büros...
Ein Synchronstudio hat zwei Vorräume, vollgestopft mit Schalttischen, Monitoren, Abspielvorrichtungen, Lautsprechern, Tonbändern, und dann gibt es noch eine Art «Allerheiligstes»: einen fensterlosen dunklen Raum, einen Tisch, zwei Stühle, zwei Mikrophone, einen ganz großen Bildschirm und ein Fenster, durch das man hinaus zum Toningenieur an seinem Mischpult schauen kann. Die Mikrophone sind so empfindlich, daß jedes Schnaufen, jedes Papierrascheln hörbar ist. Mein Herzklopfen war gottlob leise genug, dafür machte mir ein dicker Kloß im Halse zu schaffen. Ein Glas Wasser behob den Schaden.
Nächstes Problem: Auf meinem Blatt standen links die Bildszenen, rechts mein Text. Ich setzte aber jedesmal zu spät ein. Die Reaktionszeit vom Bildsehen zum Textlesen war viel zu lange. Wir lösten das, indem Werner sich neben mich setzte. Ich schaute überhaupt nicht mehr auf das Bild, sondern las einfach jedesmal, wenn er meinen Arm berührte, den nächsten Absatz des Textes. Beim kleinsten Stottern, sogar Zögern wurde abgebrochen, mußte ich das Ganze wiederholen. Das zerrt ganz schön an den Nerven. Ich mußte mich erst daran gewöhnen, daß alle viel Geduld mit mir hatten.
Nach den Sprachaufnahmen wurden noch die Originalgeräusche dazu gemischt. Ich lernte, daß «Atmo» einfach die Geräuschatmosphäre des entsprechenden Bildes bedeutete.
Sie kann verändert werden, indem man sie z. B. hallen läßt. Das gibt bei einem plätschernden Brunnen interessante Effekte, Malerei mit Tönen sozusagen.
Wieviel das zu Hause zu erzählen gab!
Die nächste Etappe unseres Filmes für mich war der Sendetermin. Dieses Datum ist in meinem Kopf besser als jeder Geburtstag vermerkt: 17. Januar 1981.
Wieder war ich in Baden-Baden, weil Werner vor der Sendung ein einleitendes Gespräch mit mir führen wollte. «Live!» Die Sendezeit war spät, so gegen 22 Uhr. «Da schaut doch kein Mensch mehr. Schade für den schönen Film», überlegte ich mir.
Was bin ich doch für ein Naivling.
Eine Flut von Briefen kam zunächst. Wieviele fragten, ob man bei mir Urlaub machen könne, ob ich wüßte, wo es verkäufliche Häuser gäbe, ob ich...
So gut es ging, habe ich alles beantwortet.
Im August wurde der Film ein zweites Mal ausgestrahlt.
Wieder eine Flut von Briefen, diesmal aber auch noch ein Schwall von Touristen, der die Wirtin eines Restaurants im Tal beinahe zum Nervenzusammenbruch trieb, mir aber von anderen Hotels und Restaurants des Tals Dankesbezeugungen einbrachte.
«Endlich», so sagten sie, «kommen die Leute auch in unser Dorf, fahren nicht nur daran vorbei.»
Die Reaktion auf meine Bücher setzte langsam ein.

Die Reaktion auf eine Fernsehsendung ist so etwas wie eine Explosion.
Bücher sind ein Medium – Fernsehen ist ein anderes. Zeitungen und Radio sind ein drittes und viertes. Wenn ich jedem ein Wappentier zuordnen sollte: Das Buch bekäme einen Elefanten, weil es langlebig, ausdauernd, stark ist.
Zeitungen bekämen eine Brieftaube, weil sie Nachrichten schnell verteilen und zuverlässig; das Radio wäre – und das ist keinesfalls abschätzig gemeint – ein flinker, geschwätziger Affe; das Fernsehen aber ist ein brüllender, gefräßiger Löwe, vom Menschen durch Gitterstäbe getrennt und ehrfürchtig betrachtet.
Auch mit der allerwildesten Phantasie hätte ich es mir nie träumen lassen, daß ich in jenem Alter, wo man sich langsam Gedanken über die kommenden ruhigeren Zeiten machen sollte, zu diesen faszinierenden Aktivitäten gekommen bin. Sie haben meinem Leben so viele neue Aspekte gegeben. Ich lerne und lerne und bin neugierig wie ein Teenager. Eines muß ich allerdings sagen: Müßte ich meine ganze Arbeit dem Fernsehen und dem Bücherschreiben widmen, dann würde mir keines von beiden Spaß machen.
Eines habe ich dem Fernsehen vielleicht geopfert. Je älter ich werde, desto froher macht es mich, daß es so war: Während der Drehwoche bei mir zu Hause besuchte mich ein Freund. Nein, er war der Mann, dem einst mein Herz, meine Gefühle, meine Gedanken, mein Ich rundum gehört hatten.
Später stellte es sich heraus: Er besuchte mich damals, weil er zwischen seiner neuen Geliebten und mir schwankte. Er kam, überreichte mir einen wunderschönen Blumenstrauß – und wurde mitgerissen in den Trubel jenes Drehtages. Wir hatten nicht viel Zeit, um miteinander zu reden. Bald fuhr er wieder weg. Kurze Zeit darauf heiratete er die andere Frau. Bei mir war es ihm offenbar zu turbulent gewesen.
Das Schicksal hat damals entschieden, daß ich zur «einsamen Wölfin» wurde, wie Werner das so schön formuliert – und ich habe gar nichts dagegen. Im Gegenteil.

Nachbemerkung von Werner:
Jetzt haben wir wieder nicht miteinander geschrieben. Aber im nächsten Kapitel bestimmt.

Vom Mai und vom Juni

Wenn man 1. Mai sagt, dann fällt einem gleich all das Politische ein, das sich heutzutage mit diesem Datum verbindet: der «Tag der Arbeit». Aber die Arbeiter des 19. Jahrhunderts, die diesen Tag zu ihrem Fest gemacht haben, und ihr Selbstbewußtsein und ihren Stolz demonstriert haben, die haben einen uralten heidnischen Festtag gewählt.

Meine Mutter hat immer gesagt, in den zwölf Heiligen Nächten, in der Osterwoche und in der Nacht zum 1. Mai, da muß man die Besen verkehrt herum aufstellen, damit die Hexen nicht auf ihnen davonreiten. Denn in dieser Nacht reiten die Hexen zu den Tanzplätzen und treiben's mit den Teufeln. In uralten Büchern sind die Rezepte zu Hexensalben überliefert. Ausgezogen haben sie sich, die Hexen, und sich mit einer Salbe bestrichen in der Magengrube, unter den Achseln und an den Schläfen. Dann sind sie auf ihren Besen davongeflogen. Vor etwa 30 Jahren wurde die Hexensalbe zum letzten Mal – so viel man weiß, selbstverständlich – von Wissenschaftlern zubereitet und ausprobiert. In der nüchternen Sprache der Wissenschaft heißt es in den Berichten: «Der Gebrauch der Hexensalbe führt zu Flugerlebnissen und sexuellen Halluzinationen.»

Sie wollen das Rezept wissen? – Ja, natürlich! Aber ich schreib's nicht auf!

Wie gut war es da, wenn man schon getrocknete Brennesseln zur Hand hatte, die ja bekanntlich gegen Hexen sehr wirksam sind, vor allem, wenn man sie über den Türen und Fenstern kreuzweise befestigt.

Meine Mutter war auch überzeugt, daß der erste Maien-Tau Glück und Segen bringt. Regnete es an diesem Morgen, dann war sie der Auffassung, man müsse in diesen Regen hinausgehen. Weil Mutter am 1. Mai den Sonnenaufgang nicht verpassen wollte, mußten wir kurz nach fünf Uhr aufstehen, um mit ihr durch den Tau auf den Lorettoberg zu steigen.

Zum 1. Mai gehört auch der Maibaum, genauso wie der Maitanz. Junge Burschen (die Kobolde) stellten in der Nacht zum 1. Mai ihrer Herzallerliebsten einen Maien vor das Kammerfenster: das ist eine auf vielfache Weise geschmückte Holzstange von erheblicher Länge. Die Mädchen aber, die einen schlechten Ruf hatten, die bekamen einen Strohwisch oder dürre Rebenzweige vor das Fenster. In ganz bösen Fällen führten die «Kobolde» Güllenspuren zum Farrenstall des Dorfes.

Der Mai!

Es gibt zwei Monate, die kann ich das ganze Jahr über riechen: das sind der März und der Mai. Im März rieche ich den eigenartigen Duft der Schneeschmelze und die Sonne auf den feuchten Grashalmen. Und im Mai steigt mir eine Mischung von warmer Luft, Flieder, Maiglöckchen, Maikäfern und Weihrauch in die Nase.

Wie ich auf Weihrauch komme? Das ist einfach. In einer katholischen Gegend wie dem Schwarzwald finden während des ganzen Monates jeden Abend die sogenannten Maiandachten statt. Sie dienen der Verehrung der Mutter Gottes, aber es fiel früher deutlich auf, daß diese Maiandachten einen großen Andrang an jungen Leuten verzeichneten. Verwunderlich ist das nicht, denn sie boten den jungen Mädchen Gelegenheit – und zwar eine sehr respektable Gelegenheit – abends von zu Hause fortzukommen und den jungen Burschen ihres Herzens zu sehen. Was ein verständiger Pfarrer war, der setzte die Maiandachten so an, daß sie bei hereindämmernder Nacht zu Ende gingen. Da mußten die Burschen die Mädchen doch heimbegleiten, oder nicht? Selbst wenn die Maiandacht und das anschließende Heimbringen etwas länger dauerten, grundsätzlich verbieten ließ sich ihr Besuch nicht. Man konnte als Eltern höchstens nach der Maiandacht ein bißchen besser auf das Mädchen aufzupassen versuchen. Aber das gelingt nach alter Volksweisheit bekanntlich weniger, als einen Sack voll Flöhe beieinander zu halten!

Ich weiß nicht, ob sich bei Ihnen jetzt ähnliche Erinnerungen einstellen wie bei mir. Die Erinnerung an junge Mädchen, die man als Ministrant, vor allem, wenn man zur Ehre des Weihrauch-Schwingers aufgestiegen war, der ja an die Chorschranken gehen durfte, um das Volk zu beweihräuchern, sofort in den vorderen Reihen der linken Seite (Frauenseite) feststellte. Und wenn man dann, nach der Andacht, so schnell wie möglich aus den Ministrantenkleidern heraus und zur Kirchentür eilte, wo man, rein zufällig, das schöne Mädchen traf. Wehe, sie war in Begleitung ihrer Freundin, was vor allem dann nicht zu vermeiden war, wenn man zu spät an der Kirchtür ankam, weil einem der Meßmer noch Aufträge erteilte, zum Beispiel die Kerzen ablöschen oder für den anderen Tag die Meßgewänder vom Sakristeispeicher holen oder das Weihrauchfaß putzen, dann war nichts zu machen. Denn in der Gruppe war sie unerhört kühn, zog einen auf, ja verspottete einen ganz ungeniert, was man 40 Jahre später auf der Basis von Welterfahrung und Verhaltenspsychologie als eine augenfällige Methode erkennt, den Burschen auf sich aufmerksam zu machen, aber es ist halt 40 Jahre zu spät ... Nicht weniger peinlich war, wenn die eigenen Freunde einen auf dem Heimweg mit dem glücklich von seinen Freundinnen isolierten Mädchen trafen. Nur eine gefestigte Persönlichkeit konnte die neidischen Hänseleien ertragen ...

Aber, wenn ich mich so vergleiche mit den Freunden meiner Töchter heute, dann bin ich schon ein arg schüchterner Bub gewesen. Vielleicht waren die Mädchen kein bißchen weniger schüchtern und hätten, verglichen mit den Freundinnen meiner Töchter, auch elend hinterwäldlerisch gewirkt.

Einmal stand ich in der Maiandacht hinten in der Kirche, und als der Gottesdienst zu Ende war, ging die Angebetete hinaus, ganz nah an mir vorbei. Ich hab' dem Mädchen in meiner Verlegenheit nur einen Blick aus den Augenwinkeln geschenkt, und da hat es sein Taschentuch verloren oder fallen lassen. Ich hab' natürlich gedacht, fallen lassen. Das war eine deutliche Aufforderung. Minutenlang hab' ich geschwankt: Soll ich das Tüchlein bringen oder soll ich nicht? Bring' ich's, was denkt das Mädchen von mir – und wenn ich's nicht bringe, was denkt es dann? Ich hab's nicht gebracht. Ich hab' so getan, als hätt' ich nichts gesehen und bin noch eine Viertelstunde in der Kirche stehengeblieben, so schüchtern war ich. Und das gehört noch nicht einmal in das Kapitel der Sünden, die einem deswegen so reuen, weil man sie nicht begangen hat. Denn was hätt' ich denn schon für eine Sünde begehen sollen. Na ja, so ganz ohne war dieses schöne Mädchen ja nicht. Damit einem die Sache mit dem Taschentuch einfällt, muß man schon eine rechte Eva-Tochter sein ...

Später, sagen wir, als aus dem Teen ein Twen wurde, da war's natürlich anders. Da entfalteten die Maiabende ihren Duft nach Flieder und nach Lindenblüten. Und wenn man Glück hat, singen Nachtigall und Pirol. Eine schöne Lichtung im Wald, ein Bänklein am Waldrand oder eine Wiese am Bach und haufenweise Sterne und einen Mond, der Seufzer entlockt ... Schließlich als Höhepunkt – nicht, was Sie jetzt meinen – macht das schöne Mädchen seine Haare auf, und unter dem Wasserfall von Haaren ... Übrigens: in meinem konkreten Fall dufteten die Haare nach Aspirin und Baldrian, denn meine Angebetete war eine Apothekerin. Wohl deshalb fällt mir beim Geruch von Baldriantropfen sofort wieder das schöne Mädchen ein, und beim Anblick schöner, voller Haare denke ich an Baldrian.

Warum ich Ihnen das alles erzähle? Damit Sie nicht ganz so streng sind mit Ihren Töchtern und Söhnen. Erstens nutzt es nichts, und da lassen Sie sich lieber gleich auf Kompromisse ein mit dem Heimkommen am Abend, und zweitens ist Vertrauen wirklich besser als Kontrolle. Und schließlich drittens, mit welchem Recht mißgönnen Sie Ihren Kindern, was Ihnen selbst eine so schöne Erinnerung ist? Aber vielleicht haben Sie recht. – Am schönsten ist für mich die Erinnerung an jene Abende, wo ich mit schlechtem Gewissen über die gebotene Zeit hinaus fortblieb mit jenem Mädchen, dem jeglicher Umgang mit mir verboten war.

Als die Welt noch in Ordnung war, gab es im Mai Maikäfer, so wie es im Juni Junikäfer und Glühwürmchen gab. Den letzten Maikäfer habe ich, so scheint mir, vor bald 20 Jahren gesehen. Das letzte Leuchtkäferchen im vergangenen Jahr, als ich mit einer meiner Töchter ein paar Tage Urlaub machte. Das wunderschöne Berghäusle meines Freundes liegt eine dreiviertel Stunde zu Fuß von der nächsten menschlichen Behausung entfernt, und es gibt kein elektrisches Licht. Im Wald haust ein Dachs, der in der Dämmerung vorbeikommt, und wenn einmal ein Mensch durch den Wald streift, dann erfährt man das schon lange bevor man ihn zu Gesicht bekommt; denn die Eichelhäher haben es verraten.

Es war Abend, der Mond war noch nicht aufgegangen. Robbi, die Tochter, ging zum Toilettenhäuschen und war wenige Augenblicke später schon wieder da: «Unten am Haus sitzt ein riesiges Tier.»

«Was für eins?»

«Ich weiß es nicht, aber es ist sehr groß.»

Ich nehme also meine Taschenlampe und steige als vorsichtiger Mensch erst auf den Balkon hinaus. Robbi flüsterte: «Schau, da unten, da, man sieht seine Augen!» Und in der Tat, ich sah etwas grün leuchten. Ich fragte: «Dieser grüne Punkt da unten?» Robbi: «Ja, jetzt hat's ein Auge zugemacht.» Ich leuchtete mit der Taschenlampe hinunter, es war überhaupt nichts da als ein Busch. Aber als die Taschenlampe wieder aus war, leuchtete dort grün ein einzelner Leuchtkäfer. Meine Tochter hatte ihn für das Leuchten eines Tierauges gehalten, sich das zweite Auge dazugedacht und die Umrisse des Busches zu einem riesigen Vieh uminterpretiert.

Meine Tochter, 19 Jahre alt, hatte noch nie einen Leuchtkäfer gesehen! Wir sind hinuntergegangen, haben den Käfer in eine Flasche gelockt, ihn betrachtet und dann wieder fliegen lassen. Ich glaube, einen Maikäfer hat sie überhaupt noch nie gesehen, auch keinen Junikäfer, höchstens einen aus Schokolade. Wo sind sie hingekommen? Natürlich waren es Schädlinge, vor allem ihre Entwicklungsvorform, die Engerlinge. Aber man hätte ihnen nicht ganz den Garaus machen dürfen. Was konnte man nicht alles mit Maikäfern anfangen! Man ließ sie kleine Wägelchen ziehen, und man konnte sie der Cousine – natürlich mehrere Exemplare – hervorragend ins Bett plazieren, worauf man nur noch auf ihre schrillen Schreie zu warten brauchte. Ich hab' einen gekannt, der hat für einen Zehner einen ganzen Maikäfer gegessen. Und wie herrlich konnte man die Lehrer ärgern; weil ja niemand daran Schuld war, wenn so ein Maikäfer plötzlich in die Stille einer Rechenstunde hineinstartete. Aber vielleicht haben die Kinder die armen Maikäfer zu viel gequält, und darum sind sie einfach verschwunden.

Am 24. Juni ist Johanni, an dem es nicht regnen darf; der Regen muß vor Johanni kommen, danach ist er ungelegen. Johanni, das ist die Mittsommernacht, wo die Johannisfeuer brannten und brennen, und wo man mit seinem Schatz durch die Flammen springt, damit man im kommenden Jahr Mann und Frau wird. Die kürzeste Nacht, der längste Tag. Mich macht das immer traurig, weil jetzt in der Ferne der Winter wieder im Anmarsch ist. Doch da ist zunächst einmal der Sommer, der ja mit Johanni beginnt, der die Früchte reifen läßt, aber auch die Natur austrocknet: frühes Sterben auf dem Höhepunkt des Jahres.

In Garten und Haus

Bohnen säen (legen!)

Stangenbohnen ranken, und um sie herum «ranken» sich eine Menge von Großmutter-Weisheiten:

Das Saatgut wird in eine Schüssel mit lauwarmem Wasser gelegt. Bohnen, die an die Oberfläche steigen, sind entweder vertrocknet oder verwurmt, also nicht mehr keimfähig. Die Bohnen wachsen schneller, wenn man sie zwölf bis vierundzwanzig Stunden in jenem Wasser vorkeimt. Bohnen steckt man nur so tief, daß sie noch die Kirchenglocken läuten hören und die Gärtnerin vorbeigehen sehen. Sie sollen nur bei zunehmendem Mond und während einer «hohen» Stunde, also zwischen elf und zwölf, gesteckt werden. Dazwischen gesäte Kapuzinerkresse hält die Blattläuse ab und wirkt als – erst noch hübscher – Bodenbedecker. Außerdem sind Blätter und Blüten der Kapuzinerkresse eine wohlschmeckende und farbenfrohe Beigabe im grünen Salat.

Tomaten pflanzen

Drei Großmutter-Tips:

Die Pflanze so tief setzen, daß die Erde bis zum zweiten Blattansatz reicht.

Ins Pflanzloch erst einen Bund Brennesseln legen, der mit einer Schicht Erde bedeckt wird. Die Brennesseln verfaulen, erzeugen damit Wärme, und später düngen sie den Boden.

Durch den Stengel der Pflanze ein Stückchen Kupferdraht stecken. Sie ist damit vor der Rostkrankheit geschützt.

Schrittweise die einzelnen Vorgänge beim Tomatenpflanzen als Film

Nicht vergessen: Jede Woche einmal bei den Tomaten die Seitentriebe ausbrechen, Pflanzen hochbinden.

Wer ernten will, muß jetzt fleißig gießen, am besten mit abgestandenem Wasser, weil dieses die gleiche Temperatur wie die Luft hat, und die Pflanze deshalb nicht «erschrickt». Gießwasser – und ganz besonders Düngewasser – direkt auf den Wurzelbereich und möglichst nicht auf die Blätter bringen. Ein wichtiger Hinweis für Gärtner, die ihre Tomaten unter Folie halten: Wenn der Wind die Pflanze nicht erreichen kann, ist die Befruchtung oft ungenügend. Deshalb die blühende Pflanze stark schütteln.

Wer ***Spargel*** im Garten hat, erntet im ersten Stechjahr nur bis zum 10. Juni, später nur bis zum Johannistag. Eine Gabe von abgelagertem Kompost, den man mit Hornspänen und feinzerriebenen Eierschalen (Stickstoff und Kalk) vermischt, wird jetzt schon beginnen, die nächstjährige Ernte vorzubereiten.

Auch ***Rhabarber*** sollte nach dem Johannistag seine Triebe behalten dürfen. Die Pflanze mit einer guten Lage verrottetem Mist oder Kompost düngen. Gießen nicht vergessen. Samenstände entfernen.

Einmal im Monat bekommen unsere ***Rosen*** eine Seifendusche: man löst in 1 Liter Wasser 1 Eßlöffel Schmierseife auf. Die Pflanze wird damit gründlich auf allen Seiten benetzt. Mit diesem viel zu wenig bekannten Mittel trifft man sehr viele Fliegen (und Blattläuse und sonstige Rosenschädlinge) auf einen Schlag: Saubere Blätter können besser atmen. Oberflächenschmarotzer werden erstens weggeschwemmt und zweitens gleich vertrieben, nicht bloß von der Pflanze, auch im Boden; und zudem hat Schmierseife eine leichte Düngewirkung. Wir brauchen zur Bodenpflege im Haus nur Schmierseife. Das Schmutzwasser gießen wir über unsere Blumen. Sie danken uns, und ich leite den Dank weiter an meine Großmutter, die mich das gelehrt hat.

Erdbeeren

Der Frucht des Monats, der Erdbeere, gehört natürlich unsere spezielle Aufmerksamkeit. Wichtig ist es, daß Erdbeeren richtig gewässert werden, nämlich – sofern es nicht regnet – bloß einmal in der Woche, dafür dann ausgiebig – zwei Gießkannen zu 10 Liter auf einen Quadratmeter – und dies wenn möglich vor Sonnenaufgang. Die Blätter der so getränkten Pflanzen können bis zum Abend gut abtrocknen. Zur Haupterntezeit sollten die Erdbeerbeete täglich einmal am Vormittag abgeerntet werden.

Erdbeerfaß

Es gab einmal eine Zeit, da hatte ich keinen Garten, bloß einen winzig kleinen Balkon. Die Küchenkräuter pflanzte und säte ich in einem Blumenkistchen, eigene Erdbeeren zog ich im Erdbeerfaß.

Ich möchte wetten, daß in vielen Kellern und Schuppen noch Fässer liegen, die für unsern Zweck geeignet wären.

Also: man nimmt ein hölzernes Faß (es braucht keineswegs wasserdicht zu sein) in der für den vorgesehenen Platz geeigneten Größe. Dann sägt man seitlich zwei bis drei Reihen Löcher versetzt im Durchmesser von ca. 12–15 cm, wie es auf der Abbildung ersichtlich ist. Auf den Boden des Fasses gibt man als Dränage eine etwa zehn bis fünfzehn Zentimeter hohe Schicht ganz groben Kies. In der Mitte des Fasses plaziert man ein hochgestelltes Reisigbündel (etwa ⅕ des Faßdurchmessers dick). Dieses ergibt die Dränage gegen oben. Nun füllt man rings um das Reisigbündel gute Gartenerde bis zur ersten Lochreihe ein, pflanzt in jedes Loch eine Erdbeerstaude (am geeignetsten sind Monatserdbeeren), füllt weiter Erde ein. Wieder Erdbeeren, und so weiter. Die Faßöffnung wird ebenfalls mit Erdbeerstauden bepflanzt.

Erdbeeren gedeihen am besten in vollsonniger Lage. Man kann deshalb die der Sonne abgewendete Seite auch anders bepflanzen. Zum Beispiel mit fleißigen Lieschen (Impatiens).

Hier blühen die Erdbeerstauden im Faß. Schmackhafte Balkondekoration!

Ein Biedermeierkranz zum Muttertag

Tags zuvor werden Vergißmeinnicht gepflückt und ringsum so auf einen Teller gelegt, daß die Blüten gerade noch über den Rand hinausragen. Dann bedeckt man die Stengel mit feuchtem Sand. Bis zum nächsten Morgen haben sich die Blüten aufgerichtet – ein lieblicher Kranz schmückt den Teller. In seine Mitte kann man – auf Stanniolpapier (Alu-Folie) einen Kuchen oder ein Geschenk stellen. Wenn man den Sand feucht hält, wachsen die Blütenstengel noch, und der Kranz bleibt lange frisch.

Vielleicht blühen Vergißmeinnicht extra anfangs Mai, damit man mit diesem Kranz Mutters Frühstücksplatz schmücken kann

Heilkräuter

Birke *(Betula)*

Die Birke ist einer meiner Lieblingsbäume. Ich habe lange hin und her überlegt, ob hier die Gewinnung von Birkensaft überhaupt beschrieben werden soll. Doch gelangte ich zur Überzeugung, daß die Leserinnen und Leser meiner Bücher meinen Respekt vor der Natur teilen.

Besitzt man eine «eigene» Birke, ist das Problem einfach. Möchte man den Saft eines «wilden» Baumes abzapfen, so ist die Erlaubnis des Försters einzuholen; er wird den Baum bestimmen, vielleicht einen krummwüchsigen, der ohnehin eher ausgeforstet wird als die gerade gewachsenen Bäume.

Der Baum sollte unbedingt einen Durchmesser von 20 cm aufweisen. Etwa 3 Handbreit vom Boden dringt man mit einem 1 cm dicken Bohrer in den Stamm ein; 3 cm tief und nach aufwärts gerichtet. Man steckt nun ein Glasröhrchen in den Saftgang und leitet so den Saft in ein Glasgefäß (kein Metall!). Die Birke ist je nach Witterung ausgiebig und spendet bis einen Liter Saft im Tag. **Doch länger als zehn Tage darf man dem Baum die Säfte nicht entziehen. Dann muß man das Loch mit Baumwachs sorgfältig verschließen.** Birkensaft ist ein kräftiges Anregungsmittel, und für den leeren Magen ist es besser, wenn man das Quantum mit Wasser verdünnt: 3 mal täglich ein Schnapsgläschen voll Saft vor den Mahlzeiten.

Birkensaft ist geeignet bei *Leber- und Nierenleiden, Blutarmut,* als *Stärkungsmittel,* bei *Hautkrankheiten.* Äußerlich kann er angewendet werden zur *Wundbehandlung,* gegen *Mundfäule.* Man kann ihn einige Zeit *haltbar machen,* indem man ihm pro Liter drei bis vier Gewürznelken beigibt. Kühl aufbewahren!

Birke (Betula)

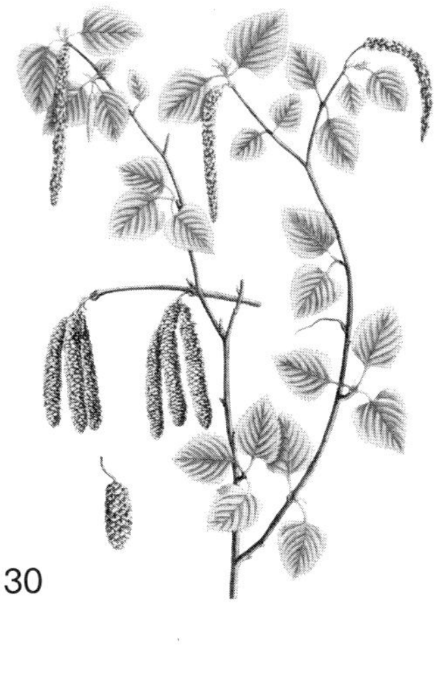

Wichtig: Nach der Saftentnahme verschließt man das Bohrloch unbedingt sorgfältig mit Baumwachs. Ich weiß, daß mancher mich auslacht, aber ich sage dem Baum, der mir den Saft spendete, danke schön.

Birkenknospentinktur

Meine Großmutter schwor auf Arnika zur Desinfektion von Wunden und deren Heilung. Aber sie kannte auch schon die Tinktur, die Pfarrer Künzle aus Birkenknospen herstellte. Man pflückt, jetzt im Mai, die Birkenknospen, gibt sie in eine durchsichtige, gut verschließbare Flasche und füllt mit Feinsprit auf. Man läßt die Flasche während zehn Tagen an der Sonne oder an einem warmen Ort stehen. Dann seiht man den

So sehen die Birkenblätterknospen aus, wenn man sie für Tinktur pflücken sollte

Dieser Birkenstamm wäre kräftig genug, um aus ihm Saft zu gewinnen

Auszug ab und füllt ihn in eine andere Flasche um. Wunden werden damit im Bedarfsfall zweimal täglich behandelt. (Achtung, die Tinktur brennt auf der Haut!)

Birkenblätter
Tee aus Birkenblättern – besonders aus den frischen – schmeckt so gut, daß man versucht sein könnte, ihn als wohlschmeckenden Haustee zu verwenden. Seine harntreibende Wirkung ist aber so stark, daß wir ihn besser nur dann anwenden, wenn wir ihn zur Behandlung *rheumatischer Erkrankungen, oder Erkrankungen der Blase und Niere* brauchen.

Johanniskraut *(Hypericum perforatum)*

Die Liste der Heilkräuter, die im Juni gepflückt werden können, ist unendlich lang. Trotzdem ist es mir nicht schwer gefallen, ausgerechnet das Johanniskraut besonders hervorzuheben.

Das Johanniskraut findet man auf sonnigen, mageren Wiesen, an Waldrändern und auf Lichtungen. Der Stengel ist kantig, die paarweise stehenden, kurzen Zweige tragen länglich ovale, glattrandige Blätter. Die Pflanze blüht von Ende Juni bis anfangs September. Hält man ein Blatt gegen das Licht, so muß es wie durchlöchert scheinen. Zerdrückt man eine Blüte, so färben sich die Finger tiefrot.

Johannisöl
stellt man folgendermaßen her: Man zupft Blüten und Blätter vorsichtig ab, gibt sie in ein gut verschließbares, lichtdurchlässiges, schlankes Einweckglas (in der Schweiz sagt man dazu Einmachglas), bedeckt mit feinstem Olivenöl und verkorkt die Flasche. 6 bis 7 Wochen an die Sonne stellen und öfters schütteln. Hat das Öl seine typische, leuchtend rote Farbe angenommen, seiht man es

Johanniskraut (Hypericum perforatum)

durch ein Tüchlein (das man schließlich gut auspreßt) in eine braune Flasche, die man nun aber im Dunkeln aufbewahrt. Eine nach einigen Tagen eventuell auftretende, wäßrige Schicht saugt man mit einem Trinkröhrchen ab. Das Johanniskrautöl bleibt während zwei Jahren wirksam, sofern es vorschriftsgemäß aufbewahrt wird. – Dosierung: Dreimal täglich zwei Eßlöffel einnehmen. Mehrmals täglich einreiben.

Zur Zubereitung von *Tee* trocknet man Blüten und Blätter an einem schattigen Ort. Für eine Tasse Tee braucht man zwei Teelöffel des Krautes, das man mit kochendem Wasser übergießt. Tagesdosis: drei Tassen.

Anwendung: Öl äußerlich: *Verletzungen, Verbrennungen,* (brennt nicht), *Sonnenbrand, Blutergüsse, Beulen, Geschwülste.*

Öl oder *Tee* innerlich: *Nervöse Erschöpfung, Überanstrengung, Schlafstörungen, Menstruationsstörungen, Wechseljahrbeschwerden, Wetterfühligkeit, Depressionen, Konzentrationsstörungen, Wurmkur.*

Extrakt (in der Apotheke erhältlich): *Bettnässer* erhalten 20 Tropfen Extrakt vor dem Schlafengehen auf einem Stück Zukker. Ab 16.00 Uhr keine andere Flüssigkeit mehr!

Für die Schönheitspflege

Birken-Haarwasser, gegen Haarausfall

30 g Birkenblätter
250 g destilliertes Wasser
75 g Alkohol 90%
1 g Borsäure

Birkenblätter fein hacken, mit dem destillierten Wasser aufkochen. Abkühlen lassen und abseihen. Mit den restlichen Zutaten in eine Flasche geben, gut schütteln und verschlossen aufbewahren. Täglich gründlich den Haarboden damit massieren.

Eau de Cologne à la mode de Catherine

Je 25 g Kamille, Lavendel, Pfefferminze und Thymian in eine dunkle Flasche füllen. 1000 g Alkohol (90%) aufgießen. Flasche gut verschließen. Nach einer Woche absieben (Rückstände gut ausdrücken), mit 1000 g destilliertem Wasser vermischen, in hübsches Fläschchen abfüllen.

Experimentierfreudige können nun die Kräutermischung ändern (z. B. mehr Lavendel, keine Kamille) und so ein ureigenes Eau de Cologne erfinden.

Erdbeer-Gesichtspackung

1 EL zu Mus zerdrückte Erdbeeren
1 KL Joghurt

Beides gut miteinander vermengen. Auf das gut gereinigte Gesicht und den Hals auftragen. Eine feuchtwarme Kompresse darüber legen, etwas einwirken lassen. Kühl abwaschen.

Vorsicht: nicht geeignet bei Personen, die gegen Erdbeeren allergisch sind.

Holunderblüten-Fußbad

bei geschwollenen, überanstrengten Füßen:

5 Dolden Holunderblüten
1 Handvoll Pfefferminzblätter
1 l Wasser

Alle Zutaten aufkochen, abkühlen lassen, einem lauwarmen Fußbad beigeben.

Badezeit etwa 10 Minuten.

Noch eine weitere lobenswerte Eigenschaft des Holunderstrauches: wenn er blüht, schaut er aus wie ein einziger großer Blumenstrauß ...

Aus Großmutters Küche

Mit wilden Pflanzen kochen

Holunder *(Sambucus nigra)*
Von den Beeren sprechen wir später, dann wenn sie reif sind.
Holunderblütenküchlein – bei mir rufen sie Kindheitserinnerungen wach! Ich wünsche möglichst vielen heutigen Kindern denselben Genuß. Man macht sie wie folgt:

2 Eier
2 EL Bier oder stark kohlensäurehaltiges Mineralwasser
1 EL Zucker
3 EL Milch
4 EL Mehl
¼ Kaffeelöffel Backpulver
1 Prise Salz

... und hier die Blütendolden im Teig gebacken

50 g Butter
12 Holunderblütendolden mit langem Stiel
Öl zum Fritieren
Puderzucker

Die Teigzutaten der Reihe nach miteinander gut zu einem glatten Teig vermischen (Butter schmelzen, aber nicht heiß werden lassen). Der Teig muß sehr flüssig bleiben. Die gewaschenen, abgetropften Blütendolden am Stiel halten, in den Teig tauchen und dann sofort in 190° heißem Fritieröl ausbakken. Auf Gitter und Haushaltpapier abtropfen lassen. Mit Puderzucker bestreuen und warm servieren.

Holunderblütensirup
In unserem Keller stehen unzählige Flaschen davon: 7 Holunderblütendolden mit 1½ l Wasser ansetzen und zwei Tage lang stehenlassen. Absieben. Das Wasser mit 2 kg Zucker aufkochen, 50 g Zitronensäure (aus der Apotheke) beigeben. In Flaschen abfüllen, heiß verkorken. Im Winter mit heißem Wasser verdünnt, evtl. mit ein paar Tropfen Gin verfeinert, trinken und dabei an den Sommer denken!

Als alte Holunderblütensirup-Trinker haben wir herausgefunden, daß der Zusatz von Zitronensäure nur notwendig ist, wenn der Sirup bloß gelegentlich als Getränk verwendet wird. Wird die einmal geöffnete Flasche innerhalb einer Woche konsumiert und stets kühl aufbewahrt, kann man auf die Zitronensäure verzichten. Der Sirup schmeckt dann noch «holundriger».

Holunderblüten-Gelee
8 Holunderblütendolden mit 1½ l Wasser ansetzen und zwei Tage lang stehenlassen. Absieben. Den Saft einer Zitrone und 2 kg Gelierzucker beigeben, 4 Minuten sprudelnd kochen lassen. In heiß ausgespülte Gläser abfüllen. Sofort verschließen.

... und Sirup, und Gelee aus Blüten

Holundersekt
Es gibt ein Großmutterrezept, wonach man Holunderblüten in Wasser ziehen läßt, dann Zitronen, Essig und Zucker beifügt und das Ganze vergären läßt. Das Rezept hat drei Nachteile: zum ersten braucht es sehr große Gefäße (10 l), zweitens gelingt es oft nicht, drittens ist die Gefahr, daß in den Flaschen ein Überdruck entsteht und sie platzen, groß. Deshalb empfehle ich folgende Variante:
1–2 EL des vorstehend erwähnten Holunderblütensirups in ein Sektglas geben und mit Sekt oder Champagner auffüllen.

Hopfen (Humulus lupulus)

Hopfen *(Humulus lupulus)*
Meine Hopfengeschichte:

Auf dem Monte Valdo, wo ich meine Tessin-Anfängerzeit verbrachte, wuchs und wucherte der wilde Hopfen am Gemäuer, umschlang Büsche und Zäune – und ärgerte mich ganz gewaltig. Ich wurde ihm nicht Meister (oder besser gesagt Meisterin), bis mir Santina, Brunos Frau, zeigte, was man mit diesem «Unkraut» (ein Wort, das ich aus meinem Vokabular streichen sollte, denn die meisten Unkräuter sind entweder Heilkräuter oder sind mindestens eßbar) machen kann:

Zum Beispiel die Rankenspitzen vom Hopfen in Salzwasser weichkochen, mit in Butter geröstetem Semmelmehl bestreuen – oder die frischen Sprossen wie Spargel zubereiten (und genießen) – oder ausbacken im gleichen Teig wie Holunderblütenküchlein – oder die Sprossen in Salzwasser kochen und nachher mit einer Salatsauce vermischen. Ich mag jene Sauce dazu am liebsten, die mit Essig, Öl und zerdrücktem Gorgonzola zubereitet wird.

Andere Kochrezepte

Badisches Spargel-Gemüse

Hierzu kann man z. B. auch weniger schöne Spargeln (3. Wahl) verwenden, denn wir haben mit dem Spargel diesmal zweierlei vor:

1. ein apartes Gemüsegericht
2. Spargelcreme-Suppe ... wenn die Saison längst vorbei ist!

Gemüsegericht

2 kg Spargel
3 l kochendes Salzwasser
Saft einer halben Zitrone

Spargel vor dem Schälen sehr gründlich waschen. Soweit sich die Stangen gut zerschneiden lassen, in fingerlange Stücke teilen. Im Wasser, dem man (damit die Spargeln schön weiß bleiben) Zitronensaft beigegeben hat, etwa 15 Min. kochen. Sie sollten noch etwas «Biß» haben. Man gibt die Spargelstücke in die weiße Sauce (s. Rezept S. 36).

Nun zur künftigen Spargelcremesuppe: Die harten Endstücke zerkleinert man, so gut es geht. Mit den ebenfalls in kleine Stücke geschnittenen Schalen im Backofen dörren: bei 50° und etwas geöffneter Backofentür.

Für eine Suppe kocht man die gedörrten Spargelstücke etwa 20 Min. in Salzwasser vor. Die cremige Konsistenz erhält die Sup-

Badisches Spargelgemüse an weißer Sauce

pe, wenn man erst genau nach dem Rezept für die weiße Sauce vorgeht und dann mit einem ganzen Liter Spargel-Brühe ablöscht.

Grundrezept für weiße Sauce, z. B. für Spargeln, Krautstiele, Blumenkohl

Erst kürzlich habe ich begriffen, weshalb es weiße Sauce in Tüten und Tuben zu kaufen gibt: Mir ist das Kochbuch des königlich bayerischen Hofkochs «Anweisung in der feineren Kochkunst» von Johann Rottenhöfer (Lothar Borowsky-Verlag, Wien) in die Hände gefallen. Da ist «für eine einfache weiße Sauce» ein derart kompliziertes Verfahren mit zum Teil kaum zu beschaffenden Zutaten beschrieben, daß einem das Zubereiten einer weißen Sauce verleiden könnte, hätte man nicht – wie ich – eine Großmutter gehabt, die das viel, viel einfacher machte, fast so einfach, wie das Öffnen eines Saucenbeutels:

4 gestr. EL Butter
8 gestr. EL Weißmehl
½ l kochender Gemüsesud oder kochende Fleischbrühe
Salz, Pfeffer
flüssige Würze
Muskat
Zitronensaft und geriebene Zitronenschale
Paprika und Cayennepfeffer und
2 EL Parmesankäse, gerieben

Die Butter flüssig werden lassen, Mehl beigeben, eine Minute lang andämpfen.

Pfanne von der Feuerstelle wegziehen. Kellenweise mit kochender Flüssigkeit ablöschen, die man am Pfannenrand hineingießt. Mit dem Schneebesen fleißig rühren. So gibt es garantiert keine Knöllchen. Salzen, pfeffern, mit den verschiedenen Gewürzen abschmecken. Durch Flüssigkeitszugabe kann die Sauce beliebig verdünnt werden.

Erdbeerköstlichkeiten

Die Ernte aus dem Erdbeerfaß erlaubt uns vielleicht sogar, eine kalte ***Marmelade*** herzustellen. Dafür eignen sich nur ganz frische, reife, saubere Früchte. Man duscht sie sorgfältig ab, trocknet sie auf einem Küchenpapier, entfernt den Stiel, wägt sie und püriert sie fein. Am besten geht das mit dem Mixer. Bei uns zu Hause tat man diese Arbeit mit einer gewöhnlichen Tischgabel, wobei zu sagen ist, daß wir damals Walderdbeeren verwendeten. – Nun fügt man dem Erdbeerpüree gleichviel Gelierzucker bei und rührt etwa eine Viertelstunde, bis sich der Zucker mit dem Brei gut vermengt hat. Kühl aufbewahren und bald konsumieren.

Heute haben wir eine Tiefkühltruhe. Wir gefrieren unsere Marmelade in kleinen Konfitürengläsern ein. Im Winter schmeckt das frische Erdbeeraroma besonders fein.

Man kann damit auch ***Sorbet*** machen: pro Person ein Eiweiß ganz steif schlagen, nach Belieben Marmelade darunterziehen. Je nach Geschmack mit abgeriebener Zitronenschale parfümieren. Die Schüssel ins Tiefkühlfach stellen. Alle fünfzehn Minuten gut umrühren. Nach etwa zweieinhalb Stunden ist das Sorbet servierbereit.

Ersetzt man das Eiweiß durch steif geschlagenen Rahm (½ dl pro Person) und geht im übrigen gleich vor, kann man auch ohne Glacemaschine Eiscreme herstellen.

Selbstgemachtes Erdbeersorbet. Sooo gut schmeckt keines, das man kauft

Gemüse in Öl konservieren

1. Zucchini

A. Zucchini (man kann auch große verwenden, die Kerne müssen noch weich sein) schälen, in 1 cm dicke Scheiben schneiden, auf ein Gitter legen, mit Salz bestreuen, ca. 20 Minuten abtropfen lassen.

B. In Essiglösung (⅔ weißer Weinessig, ⅓ Wasser) aufkochen, abtropfen lassen.

C. Folgendermaßen in ein Einmachglas schichten:

1 Lage Zucchini
1 Lage Würzmischung (Pfefferminze, Oregano und Basilikum fein hacken, gepreßten Knoblauch und ganze, weiße Pfefferkörner beigeben)
1 Lage Zucchini etc.
Variante: Anstelle von Pfefferminz, Oregano und Basilikum frische Rosmarinnadeln als Würze verwenden.

D. Soviel Olivenöl auffüllen, daß das Gemüse gut damit bedeckt ist. Nach einigen Tagen kontrollieren, ev. nachgießen.

2. Auberginen
Für den Vorgang A Salz und Zitronensaft benützen.

3. Peperoncini (kleine Paprikaschoten)
Für den Vorgang B reinen Essig verwenden, bei C Pfefferminze weglassen.

Mit diesen Rezepten lassen sich Gemüseüberschüsse im Garten verwerten. Und: nächste Weihnacht kommt bestimmt.

Kalbshaxen

4 Kalbshaxen à 200 g
Streuwürze, Pfeffer
4 EL Mehl
1 EL Olivenöl
1 große Zwiebel
1 Lauchstengel
2 Karotten
5 Rippen Bleichsellerie
2 Knoblauchzehen
1 Rosmarinzweig
1 EL Tomatenpüree
3 dl Weißwein
½ l Fleischbrühe
1 Zitrone

Die Kalbshaxen würzen und mit 3 Eßlöffeln Mehl bestäuben, im heißen Öl hellbraun anbraten. Zwiebel und Lauch in Ringe, Karotten und Sellerie in Stäbchen schneiden, Knoblauch pressen. Alles beigeben und mitdämpfen. 1 Eßlöffel Mehl in etwas Weißwein auflösen, Tomatenpüree und restlichen Wein dazumischen. Damit ablöschen. Rosmarinzweig dazulegen. Fleischbrühe langsam dazugeben. Kochzeit (Backofen) ca. 1 Stunde. Sauce eventuell noch nachwürzen. Mit Zitronenschnitzen garnieren.

Die Freundin, die mir dieses Rezept gab, bereitete eine ganze Hinterhaxe zu. Dies ergibt ein Festessen für 8–10 Personen. Man braucht dann etwas mehr Flüssigkeit (im Verhältnis gerechnet). Die Kochdauer ist je nach Größe ½–1 Stunde länger.

Vitello tonnato

Ein Sommerschmaus, der sich vorbereiten läßt und der Komplimente bringt!

Fleisch
1 l Fleischbrühe
1 dl Weißweinessig
1 Zitrone
400 g mageres Kalbfleisch am Stück (Huft, Schulter)

Sauce
1 Eigelb
½ KL Senf
2½ dl Olivenöl
½ Zitrone
1 Prise Salz
200 g Thon
5–6 Sardellenfilets
1 EL Kapern
1 EL Weißweinessig
1 dl der gesäuerten Fleischbrühe (= Sud)

Fleischbrühe mit Essig und der in Scheiben geschnittenen Zitrone aufkochen. Kalbfleisch beigeben, etwa 1½ Stunden kochen (es darf nicht zu weich sein). Im Sud erkalten lassen. In möglichst feine Scheiben schneiden. Gestaffelt auf Platte legen. Aus Eigelb, Senf, Olivenöl, Zitronensaft und Salz eine Mayonnaise rühren. Thon (Öl abschütten), Sardellen und Kapern sehr fein hacken, am besten mixen, Essig und gesäuerte Fleischbrühe beigeben. Mit dieser Sauce das Fleisch überziehen, kalt stellen. Frisches Weißbrot (ev. erwärmt) und Salat dazu servieren.

Zitronenmelissen-Likör

1 kg Zucker
½ l Wasser
200 g Zitronenmelisseblätter
1 l Alkohol 70%

Zucker und Wasser aufkochen, abkühlen lassen, über die Blätter gießen. 2 Tage stehenlassen, Alkohol zugeben. Mit den Blättern in Flaschen abfüllen. Bis Weihnachten stehenlassen, dann absieben.

Der Likör schmeckt so gut, daß man ihn auch dem besten Freund schenken kann.

Naturfarben für Wolle und Seide

Holunder

Wie bei der Brennessel, verwenden wir auch beim Holunder solche Blätter, die für Medizinalzwecke nicht geeignet sind, z. B. weil der Busch an einer von Autos befahrenen Straße steht.

Zutaten

1 kg frische Holunderblätter
500 g Wolle
80 g Alaun
1 Handvoll Seifenflocken

Farbsud

Man schneidet die Holunderblätter ab, zerkleinert sie samt dem Stiel und weicht sie über Nacht ein. Man kocht den Farbsud 1 Stunde und läßt ihn abkühlen. Dann seiht man ihn durch ein Mulltuch, wobei man die Pflanzenreste gut ausdrückt.

Beizbad

Man löst 80 g Alaun in 1 Liter heißem Wasser auf, gibt die Lösung in den Färbkessel und füllt mit lauwarmem Wasser auf. Die in lauwarmem Wasser eingeweichte Wolle hineingeben. Beizbad langsam zum Köcheln bringen, 1 Stunde köcheln. Im Beizbad abkühlen lassen.

Farbbad

Die abgekühlte Wolle gut ausdrücken. In den Farbsud legen, langsam zum Köcheln bringen, 1 Stunde köcheln. Im Farbbad abkühlen lassen. Lauwarm mit Seifenflocken waschen, lauwarm spülen.
Allgemeine Angaben und weitere Naturfarben siehe Gesamtband «Was die Großmutter noch wußte»!

Berberitze

Die jetzt beim Heckenschnitt anfallenden Zweige trocknen.

Da haben wir den Salat

«Nein», sagte die Kathrin, «wir reden nicht von Kartoffelsalat und Fleischsalat, nicht von Fischsalat und Frutti di mare, auch nicht von Fruchtsalat und von Gurkensalat, wir reden in dem Kapitel nur von grünem Salat».
Da sitze ich also und soll über grünen Salat schreiben. Was soll einem dazu einfallen? «Seit wann essen eigentlich Menschen Salat?», fragt Annette. «Wahrscheinlich haben sie es immer getan, von allem Anfang an.» Aber wann war Anfang? Unsere Großmutter hatte es leicht. Sie nahm die Bibel wörtlich, so wie es fromme Juden tun, die anhand der Generationen von Adam und Eva bis heute auf ungefähr 5000 Jahre kommen. Aber die Schöpfungsgeschichte, so meinen moderne Theologen darf man nicht wörtlich nehmen und die Folge der Generationen – wie sie das Alte Testament beschreibt – auch nur für die Zeit nach Moses. Also wann war Anfang? Man wird es nie sagen können. Das, was den Menschen ausmacht – sein Bewußtsein, sein Verstand, seine Fähigkeit, die Welt zu verändern – hat sich in Millionen von Jahren entwickelt. Und je länger die Wissenschaft sucht, desto weiter zurück reicht die Spur des Menschen. Die Zeit, über die wir ein bißchen mehr wissen, sind lächerliche 10000 Jahre, 300 Generationen vielleicht. Seit 5000 Jahren etwa können die Menschen schreiben, da wissen wir noch ein bißchen mehr von ihnen und erfahren sofort auch schon von Gärten und von Pflanzen, die in diesen Gärten angebaut werden. Dazu gehören Blattpflanzen, die man roh ißt und die man mit Essig und Öl anmacht: Salat! Aber in der Zeit davor, eben in jenen 10000 Jahren, seitdem die Menschen sich Hütten und Häuser gebaut haben, Tiere gezüchtet haben und Pflanzen angebaut, war sicher auch Salat dabei. Und noch früher, vor 50000 Jahren, vor 200000 Jahren? Die Forscher sagen, da wären die Menschen «Sammler und Jäger» gewesen. Was heißt das? Die wenigen Menschen sind durch das wilde Land gezogen, dahin und dorthin, haben Tiere gejagt und haben die Pflanzen gesammelt, von denen sie wußten, daß sie eßbar sind. Gewußt haben sie es aus der Erfahrung der Generationen davor, vielleicht auch mit dem Instinkt, der die Kuh auf der Weide nur das fressen läßt, was ihr bekommt. Und sicher haben sie viele dieser Pflanzen roh gegessen. Und sicher haben sie gewußt, daß zum Beispiel die Pflanze «Löwenzahn» sehr viel besser schmeckt, wenn man etwas Salz – hatten sie schon Salz? – darüber streut oder wenn man von dem heißen Fett des gebratenen Wildschweines darauf tropfen läßt. Nichts fällt vom Himmel. Alles Lebendige zumindest entwickelt sich vom Einfachen hin zum Komplizierten. Und so haben unsere heutigen Salatsorten, es gibt allein 100 Sorten Kopfsalat, einfache Wiesenpflanzen als Ahnen. Den Löwenzahn und die Brunnenkresse essen wir ja noch heute in der Form, wie sie wild wachsen. Auch den Feldsalat, den manche Leute Rapunzel nennen oder Nissel oder Nüßlesalat oder Sunnewirbele (was für ein schöner Name, den die Alemannen für diese Pflanze gefunden haben!). Die Sunnewirbele sind noch immer ein Ackerunkraut, das man im Herbst draußen finden kann, in Rebbergen z. B., wenn man danach sucht. Auch die Urform der Endivie, des Chicorée und

des Radicchio wächst noch immer ganz bescheiden an unseren heimischen Wegrändern: die Wegwarte. Sie hat auch den Namen Zichorie.
Wer eine Zichorienwurzel auf St. Jakobi mit einem Hirschgeweih oder einem Goldstück ausgräbt, bekommt Kräfte wie ein Bär und hat Glück in der Liebe. Keine Waffe kann ihm etwas anhaben, alle Ketten, die ihn fesseln, kann er sprengen. Die moderne Wissenschaft aber sagt, die Zichorienwurzel enthalte einen dem Insulin verwandten Stoff, und damit kann man die Wegwarte als Diabetikergemüse verwenden.
Wenn man Zichorie hört, dann fällt einem der Kaffee-Ersatz unserer Großmütter ein. Meine Mutter hat noch «Zichorie» im Laden gekauft und grundsätzlich unserem Malzkaffee zur Verbesserung des Geschmacks beigefügt, und wahrscheinlich sogar dem sonntäglichen Bohnenkaffee. Zichorie war ein braunes Pulver, das dem etwas dünnfarbigen Malzkaffee eine schöne dunkle Farbe verlieh. Aber der Name Zichorie lebt auch in dem französischen Wort: Chicorée. Und es ist die gleiche Pflanze, eine Art unserer bescheidenen Wegwarte. Ich habe es bei meinen Tessiner Freunden gesehen. Sie haben «Zichoria» im Garten. Sobald es ein bißchen warm wird, treibt die Wurzel, die noch vom Vorjahr in der Erde ist, Blätter für den ersten Salat. Er ist sehr bitter, und wer bitteren Salat mag – ich – schätzt ihn sehr. Ansonsten geben die Tessiner Hausfrauen etwas Zucker in die Salatsoße, um die Bitternis etwas zu lindern. Aber man kann auch «Chicorée» für den Winter davon ziehen. Doch darüber mehr bei Kathrin.
Die zweite große Salatsorte ist die Familie unseres Kopfsalates. Dabei ist der Kopfsalat erst seit Ende des Mittelalters überhaupt ein «Kopf»salat, denn davor war er, wie heute noch der Römische Salat, ein Schnitt- und Pflücksalat und wie der neuerdings in den Läden auftauchende Eichblattsalat ein Gewächs mit einzelnen Blättern. Der Züchtungskunst der Renaissance-Gärtner ist es gelungen, die Blätter des Kopfsalates zu einem festen Kopf zusammenzufügen. Der Vater der Familie ist wohl der Lattich. Von dem sagen die Historiker, daß er schon vor fast 3000 Jahren in Babylon gegessen wurde und daß die Ägypter ihn angepflanzt haben. Wer jemals einen ganz frisch abgeschnittenen Kopfsalat in der Hand hielt, der weiß, daß an der Schnittstelle eine Milch ausfließt. Von da her hat der Salat seinen lateinischen Namen. Er heißt Lactuca, darin steckt das Wort Lac = Milch. Und weil die Mohnpflanze auch eine Milch absondert, die, wenn sie eingetrocknet ist, Opium heißt, haben die Griechen gedacht, der Salat müßte eine ähnliche Wirkung haben, d.h. er sei ein Schlafmittel, darum haben sie ihn immer am Schluß einer Mahlzeit gegessen. Die Ägypter haben etwas ganz anderes angenommen. Sie glaubten, der Salat fördere die Liebe (wie war das mit der Wegwarte? Sie sollte doch auch, in rechter Weise ausgegraben, Glück in der Liebe bringen). Kurz, wenn die Ägypter ihren Gott der Fruchtbarkeit, den Gott Min abbildeten, dann stellten sie ihn immer vor einen Garten mit Salat. Aber vielleicht hängt es auch damit zusammen, daß man in Angelegenheiten der Liebe so oft Ursache hat, zu sagen: «Da haben wir den Salat», was ja nichts anderes meint, als ein rechtes Durcheinander.
Im Ernst, Salat enthält eine Menge Vitamine und Spurenelemente, so daß man durchaus annehmen kann, daß er in Zeiten von Vitaminmangel eine entsprechende Wirkung entfaltet. Aber wir haben jetzt nur von den «feinen» Salaten gesprochen, von dem, was schon seit eh und je die Reichen und Vornehmen gegessen haben. Die Römer hatten eine ungeheure «Salatkultur». Sie haben den Salat auf die verschiedensten Weisen angemacht. Ihre «feinen Salate» wurden von den aufstrebenden

Germanenfürsten natürlich übernommen. Und so kam zu den Zeiten Karl des Großen der Gartensalat in die Gärten der Fürstenhöfe und der Klöster. Die Wissenschaftler der Zeit rühmten von ihm, er mache ein gutes Blut.

Wir wollen jetzt aber auch von den Wildsalaten sprechen, von dem, was das einfache Volk gegessen hat. Erst vor knapp 400 Jahren begann auch es, Salat zu essen (darum spielt der Salat im Aberglauben auch keine Rolle). Bis dahin kannte man nur die Wildsalate, aber man hat weit mehr als das, was wir im Frühling auf den Äckern und Wiesen suchen, gegessen: Bachbunge, Bärenklau, Bärlauch, Barbarakraut, Beinwell, Brennessel, Brunnelle, Brunnenkresse, Gänseblümchen, Gänsefuß, Gundermann, Guter Heinrich, Herderich, Hirtentäschel, Hopfen, Huflattich, Knopfkraut, Löffelkraut, Löwenzahn, Lungenkraut, Wilde Malve, Nachtkerze, Pastinac, Portulak, Ackerglockenblume, Sauerampfer, Schafgarbe, Scharbockskraut, Spitzwegerich, Taubenkropf, Tripmadam, Vogelmiere, Wegwarte, Weidenröschen, Wiesenknopf, Wiesenschaumkraut und viele andere.

Die Wildsalate der einfachen Leute wurden mit Speck, Essig und Zwiebeln bekömmlich gemacht. Etwas Essig kommt über den Wildsalat, der Speck wird mit den Zwiebeln gebraten und kommt zum Schluß dazu. Eigenartig war, daß im bäuerlichen Raum gemischte Salate sehr verbreitet waren. Gekochtes wurde mit Rohem vermischt, z. B. Karotten, Sauerkraut und Feldsalat, oder gekochte Kartoffeln mit sauren Gurken und Äpfeln. Meine Mutter hat, wenn sie Kartoffelsalat gemacht hat, grundsätzlich über den Kartoffelsalat die Blätter eines grünen Salates angerichtet. Sie hatte die beiden Salate getrennt voneinander angemacht und dann den grünen auf den Kartoffelsalat gegeben. Das hat gut ausgeschaut. Die Sauce des grünen Salats wurde von dem Kartoffelsalat aufgesaugt und machte den noch saftiger, und gut geschmeckt hat es überdies. Es hatte noch einen Effekt; wer Kartoffelsalat essen wollte, mußte in Gottes Namen auch von den Salatblättern essen, die darüber lagen. Das hat Salatmuffel, wie damals mich, dazu gezwungen, Salat zu essen. Womit wir bei einem Thema ganz besonderer Art sind: Daß Salat «gesund» ist, pfeifen die Spatzen vom Dach. Daß Salat viele Vitamine enthält, haben wir schon gesagt. Im Gegensatz zu den gekochten Gemüsen werden aber die empfindlichen Vitamine bei den Salaten nicht durch Kochen zerstört. Auch die Mineralien werden nicht herausgelöst und bleiben erhalten.

Als der Onkel Doktor zur Auffassung kam, daß ich 30 Kg Gewicht verlieren müßte, um weiter gesund zu bleiben, da habe ich unentwegt Salat essen müssen. Aber nicht nur wegen der Vitamine und Mineralstoffe, sondern auch, weil der Salat «füllt». Man hat das Gefühl, sich satt gegessen zu haben, und die Kalorienzufuhr hält sich dennoch in vernünftigen Grenzen (100 g Salat – eine ganze Menge – enthalten 15 kcal!!!). Andererseits ist es modern, vom Sinn der Ballaststoffe zu reden. Die Ballaststoffe sind zu ihrem Namen gekommen, weil man vor wenigen Jahrzehnten noch angenommen hat, sie seien nichts anderes als eine unnütze Belastung des Organismus, Stoffe eben, die den Körper so verlassen, wie sie hineingekommen sind. Ideal erschienen Nahrungsmittel wie zum Beispiel der Zucker, den der Körper ohne Rest aufnimmt, vor allem wenn es «raffinierter», schneeweißer Zucker ist. Oder das Weißmehl der Type 405, aus dem unser Weißbrot und unser Kuchen gemacht ist. Nimmt man derlei Nahrungsmittel zu sich, so hat der Darm eigentlich über weite Strecken nichts mehr zu tun. Gleich die ersten Darmmeter nehmen sozusagen den gesamten Nahrungsbrei auf, der übrige Darm bleibt leer. Die Folge: der Mensch hat keine Verdauung. Das heißt, die Verdauung hat er schon, aber er hat keinen Stuhlgang (haben Sie sich schon einmal Gedanken darüber gemacht,

daß wir über ganz natürliche Vorgänge wie das Gegenteil vom Essen und Trinken nicht mit konkreten, genauen Begriffen reden und schreiben können, als wäre das, was auf der Toilette passiert, etwas Unanständiges). Noch schlimmer ist, daß in einem «arbeitslosen» Darm Fäulnisvorgänge stattfinden und Krankheit entsteht. Anders ist es, wenn die sogenannten Ballaststoffe den Darm füllen. Die Arbeit des Darmes besteht darin, daß er den Nahrungsbrei durch Zusammenziehen und Dehnen in Richtung Körperausgang bewegt, um ihm auf diesem Weg die Nahrungsstoffe zu entziehen. Ballaststoffe aber sind geeignet, durch Druck auf die Darmwände den Darm zu seiner Arbeit anzuregen, kurz, das Beste, um regelmäßigen Stuhlgang zu haben und gesund zu bleiben, sind genügend Ballaststoffe. Man kann sie in der Form von mit Wasser angerührter Kleie zu sich nehmen, man kann aber auch Salat – und Gemüse und Obst – in ausreichender Menge essen.
Solange es Berichte über den Salat gibt, solange wird der Salat mit Essig und Öl angemacht. Essig und Öl gehören zusammen wie Zwillinge, und doch sind sie so gegensätzlich, wie es gegensätzlicher eigentlich nicht geht. Ist das Öl sanft und weich, Stoff des Lebens, ist der Essig hart und scharf, ein Stoff des Todes. Essig. Der menschgewordene Gott schenkt sich und sein Leben den Menschen in der Form von Brot und Wein. Der Wein gilt in der Liturgie als sein Blut. Und Blut, das ist der Saft des Lebens, das ist der Träger des Lebens. Am Gründonnerstag stiftete Christus dieses Geheimnis des verwandelten Weines. Und einen Tag später, am Karfreitag, starb er am Kreuz, und das Letzte, was er zu sich nahm, war Essig, der gestorbene Wein, der Wein, der seine Süße und seine Kraft verloren und die Schärfe der Säure angenommen hat. Für mich verbindet sich mit dem Essig noch eine andere merkwürdige Assoziation zum Tod. Ich habe einmal ein Sterben nach der alten Art, daheim, nicht in der Klinik, unter Menschen miterlebt. Als alles vorbei war, als mein Onkel tot war, da haben ihn meine Tanten mit Essigwasser abgewaschen. Und als er wieder angekleidet war für seinen letzten Gang, da haben sie alle Essigflaschen im Hause ausgegossen, auch die Flasche mit der Essigmutter im Keller, von der aller Essig kam.
Es gibt viele moderne Gesundheitsapostel, die lehren, jeder Tropfen Essig koste einen Tropfen Blut. Auch meine Mutter hat immer gesagt, wenn ich die restliche Salatsauce auslöffeln wollte: «Der Essig zerstört das Blut und macht eine unreine Haut». Und in den Regeln für die Gesundheit, die die Universität von Salerno, die älteste westeuropäische Ärzteschule, vielleicht im 13. Jahrhundert aufgeschrieben hat, heißt es:
«Essig kühlt dich ab und trocknet dich aus. Er macht dich kalt, nimmt dir die Kraft, macht dich betrübt und vermindert deinen Samen. Ausgetrocknete Nerven verstört er und dörret die fetten.» Andererseits schreibt der lateinische Schriftsteller Plinius: «Der Essig ist zu einem angenehmen Leben notwendig.» Und so scheint es mir.
Nun ist es mit dem Essig und mit seiner Herstellung auch so eine Sache. Essig entsteht aus Flüssigkeiten, die Weingeist enthalten, durch Essigbakterien bei Anwesenheit von Luft. Diese Essigbakterien sind wie die Sporen der Hefe so gut wie allgegenwärtig. Darum braucht man nur eine Flasche mit Wein unverschlossen an einem warmen Ort stehen zu lassen, damit Essig entsteht. Will man die Sache beschleunigen, wirft man allerdings ein Stücklein Sauerteigbrot hinein. Der Wein verwandelt sich in Essig. Es entsteht eine Schicht von Essigsäurebakterien, eine sogenannte Essigmutter, und von jetzt an genügt es, Essig zu entnehmen und wieder Wein nachzufüllen. Dabei muß man darauf achten, daß der nachgefüllte Wein Zimmertemperatur hat, denn kalter Wein würde die Essigmutter

zerstören. Dies geschieht auch dann, wenn man den Wein direkt auf die Essigmutter gießt.
Meine Mutter hat gesagt, wenn man keine Essigmutter hat und zum ersten Mal Essig ansetzt, dann wirft man 3 Stücklein Brot in den Wein und sagt dabei die Namen der drei bösesten Weiber, die man kennt (und das ist schwer, weil man sich ja nicht entscheiden kann, welches die bösesten sind!). Außerdem muß man in diesem Augenblick ganz sauer schauen und böse sein, sonst wird der Essig nichts.
Keine Frau, die «ihre Tage» hat, darf die Essigflasche berühren, sonst verdirbt der Essig (das hat er mit dem Wein im Keller, mit dem Sauerkraut und mit dem Brotteig gemeinsam!).
Die Flasche mit der Essigmutter darf man nicht verschenken, sondern nur verkaufen, und wenn man nur einen Pfennig dafür nimmt. Sonst gelingt es einem nie mehr, Essig herzustellen.
Am Karfreitag (an diesem Tag spielte der Essig seine besondere Rolle als Gottes letztes Getränk in dieser Welt), wird die Flasche mit der Essigmutter ausgeputzt, der Essig wird abgefüllt, die Essigmutter wird gewaschen und kommt in frischen Wein (zimmerwarm), wenn in der Flasche zwei Essigmütter sind, eine «alte» und eine «junge», wird die alte entfernt und weggeworfen. Was entsteht, ist ein guter Weinessig. Meistens macht man ihn aus Rotwein. Ich gieße alle Weinreste, rote und weiße, wie es kommt, durcheinander in die Flasche. Ich kann mir nicht vorstellen, daß etwas so Natürliches wie der Weinessig – ein echter! – in Maßen genossen, schädlich sein soll. Aber leider Gottes ist es so schwer, an echten Weinessig zu kommen, wenn man ihn nicht selbst herstellt. Oder wie es in dem Lehrbuch «Unsere Nahrung» von Resi Arimond und Ruth Reisen heißt: «Reiner Weinessig ist kaum im Handel». Ich habe die Möglichkeit, einen rechten Essig in Frankreich oder der Schweiz zu kaufen, weil Baden-Baden nicht allzuweit von den Grenzen entfernt liegt. Aber ich verstehe einfach nicht, warum es in der Bundesrepublik so schwer ist, Weinessig zu kaufen, in den nichts anderes, vor allem kein sogenannter Branntweinessig druntergemischt ist. Und das gilt sogar für den Obstessig.
Essig wird industriell folgendermaßen hergestellt: Holzgefäße, riesige Fässer sind mit Buchenholzspänen gefüllt, die sich mit der Zeit mit Essigsäurebakterien überziehen. Diese Gefäße werden von einer Flüssigkeit durchrieselt, die 10 bis 14 % Alkohol enthält sowie gewisse Ammon- und Phosphorverbindungen. Es handelt sich in der Regel um Holzzucker- oder Melassesprit. Essigsäure kommt auch aus der Destillation von Holz oder der synthetischen Herstellung aus purer Chemie, dabei entsteht Essigessenz, die entweder mit Wasser verdünnt (100 g Essig müssen zwischen 5 g und 15 g wasserfreie Essigsäure enthalten) oder mit Geschmackstoffen, zum Beispiel mit Weinessig vermischt wird. Ja, ja, ich weiß, lieber Herr Chemiker, daß Essigsäure chemisch betrachtet gleich Essigsäure ist, aber ich möchte sie trotzdem lieber in der Form von reinem Weinessig genießen.
Essig darf nicht mit Metall in Berührung kommen, weder beim Umgang mit ihm, noch wenn er bereits am Salat ist. Also niemals Metallöffel oder -gabeln beim Anmachen von Salat verwenden und schon gar keinen Metallöffel längere Zeit im Salat liegen lassen. Metalle wie Blei, Zink, Kupfer und Messing bilden zusammen mit dem Essig giftige Salze, Silber bildet auch ein Salz und wird dabei angegriffen. Sie meinen, Blei käme nie mit Ihrem Salat und seinem Essig in Berührung? Sind Sie sicher, daß Ihre schöne Salatschüssel aus Elsässer Keramik keine bleihaltige Glasur hat? Jedenfalls, wenn Sie so etwas kaufen, fragen! Und lieber eine Glasschüssel nehmen oder Holz. Und niemals einen Metalltrichter zum Essigumfüllen verwenden und den Salat immer mit einem Salat-

besteck aus Holz anmachen. Ich bin übrigens ein mißtrauischer Mensch, und darum nehme ich noch nicht einmal eine Kunststoffschüssel für den Salat, denn Sie wissen ja, aus welch abscheulich giftigem Zeug Kunststoffgeschirre hergestellt werden. Normalerweise ist es vielleicht unbedenklich, aber in der Anwesenheit des aggressiven Essig weiß ich nicht, ob nicht vielleicht doch eine nicht restlos chemisch gebundene Sache plötzlich löslich wird ...
Übrigens noch ein paar Tips für die Küche: Essig läßt Eiweiß stark quellen, Essig läßt Stärke weniger binden, Essig macht Zellulose härter (Ballaststoffe) und Essig wirkt konservierend, d.h. es tötet Mikroorganismen wie Bakterien und Hefepilze ab. Aus diesem Grunde sollte man bei grünen Salaten, deren Herkunft vielleicht nicht ganz so klar ist, oder grünen Salaten in südlichen Gegenden, wo die Gefahr einer Darminfektion durch Rohkost leicht besteht, eher ein bißchen mehr Essig an den Salat gießen. Das kann man sogar im Gasthaus machen, weil sowohl in Italien wie in Griechenland die Essig- und die Ölflasche auf dem Tisch steht oder auf Verlangen ohne Problem gebracht wird.
Im Mittelalter hieß es: der Essig macht Lust zum Essen, er öffnet Milz und Leber, er wirkt gegen Schlafsucht und Lethargie und säubert frische Wunden. Zu Zeiten der Pest haben die Menschen mit Essig getränkte Tücher vor dem Mund getragen.
Jetzt wird einer kommen und sagen, warum verwenden Sie nicht Zitronensaft anstatt Essig? Dann werde ich sagen, ich verwende Zitronensaft, aber nur dann, wenn es mir darum geht, bestimmte Speisen einfach nur sauer zu machen, überall dort also, wo der Eigengeschmack von Essig stören würde. Am Salat aber schmeckt mir der Weinessig und sein unnachahmlicher Geschmack einfach besser. Und ein Grundprinzip aller Ernährungslehre ist: es muß schmecken.
Ehe ich allerdings das chemische Zeug, das unter der Bezeichnung «Essig» verkauft wird, benutze, nehme ich doch erheblich lieber Zitronensaft.
Nicht ganz so schlimm wie beim Essig ist es mit dem Öl. Und trotzdem, auch dort ist es noch schlimm genug. Sogenanntes Speiseöl wird raffiniert, d.h. es wird chemisch gereinigt, Farbstoffe werden entzogen, es wird erhitzt. Dabei geht das Elend bereits bei der Gewinnung los. Die Ölfrüchte werden mit ungeheurem Drücken bis aufs Vorletzte ausgepreßt. Das letzte Öl wird dann noch mit chemischen Lösungsmitteln, wie z.B. Benzin, aus dem Ölkuchen ausgelaugt. Dann muß das Benzin wieder chemisch entfernt werden, natürlich. Das Ganze, damit ein optimales Ergebnis erzielt wird, und natürlich, damit das Produkt billig verkauft werden kann. Der menschliche Körper stellt an sich Fett selber her. Fett ist sein Brennstoffvorrat für schlechte Zeiten. Er bildet es aus dem Überschuß an Eiweiß und Kohlenhydraten, die er als Nahrung zu sich nimmt. Er bräuchte also gar kein Fett zu essen, wenn es nicht Fette gäbe, die er nicht selbst produzieren kann. Sie heißen die essentiellen, d.h. die wesentlichen Fettsäuren. In diesem Zusammenhang ist dann auch immer von ungesättigten Fettsäuren die Rede. Ungesättigt heißen diese Fettsäuren, weil in ihrem chemischen Aufbau bestimmte Bestandteile fehlen. Das macht sie sozusagen besonders biologisch aktiv, weil sie sich chemisch zu ergänzen trachten. Nun ist aus dieser Sache mit den essentiellen Fettsäuren ein ganzer Kult entstanden, insbesondere, nachdem eine Zeitlang eine regelrechte Cholesterinpanik geherrscht hat. Inzwischen weiß man, daß der Körper mehr Cholesterin täglich selber herstellt, als er überhaupt durch die Nahrung aufnehmen kann, daß eine Diät äußerstenfalls 7% des Cholesterinspiegels vermindern kann und daß ein Übermaß an Cholesterin eine Frage eines kranken, zu viel Cholesterin produzierenden Körpers ist und weniger seiner Nahrung. Das ist eine Aufgabe für den

Arzt und seine Therapie. Wessen Körper aber gesund ist, der kann das Cholesterin glatt vergessen, denn wenn man einmal zu viel Cholesterin mit der Nahrung aufnimmt, produziert ein gesunder Körper einfach weniger selbst.

Öl und Fett überhaupt sind die Träger von Duft- und Geschmacksstoffen. Es ist einfach kein Zufall, daß ein Salat ohne Öl nicht schmeckt, und wenn man noch so viel Essig, Kräuter und Gewürze dranschüttet. Das Öl macht den Salat erst fein, so wie die Butter das Marmeladebrot erst fein macht. Hinzu kommt, daß die Vitamine A, D, E und K fettlöslich sind. Das heißt, der Körper braucht das Öl, damit die entsprechenden Vitamine aus dem Salat aufgenommen werden können. Nun könnte man meinen, man könne die Frage nach dem Öl nur nach Geschmack entscheiden, so ist es wiederum auch nicht. Wenn wir schon Fett essen, und Öl ist ja reines Fett, dann sollten wir wertvolles Fett essen, das heißt Öl mit den Fettsäuren, die der Körper nicht selbst produzieren kann, und nicht mit solchen, die uns einfach nur dick machen. Außerdem sollte das Öl auch die übrigen Vitalstoffe enthalten, die in den Ölfrüchten enthalten sind. Die besten Öle sind die kaltgepreßten. Aber sie kosten auch mehr. Für eine Flasche kaltgepreßtes Olivenöl kann man mehrere Flaschen eines biologisch mehr oder weniger wertlosen Speiseöls kaufen. Viele Leute empfehlen das Sonnenblumenöl wegen seinem hohen Anteil an «mehrfach ungesättigten Fettsäuren». Distelöl ist wegen seiner Fähigkeit, Cholesterin abzubauen, geradezu Mode. Traubenkernöl gilt als etwas besonders Feines. Ich schwöre auf das kaltgepreßte Olivenöl, am liebsten aus Griechenland, aber wann kommt man schon nach Griechenland. Dagegen kann man im Laden die kaltgepreßten Olivenöle der großen italienischen Olivenölfirmen kaufen, die den Namen «Extra Vergine», «Jungfrauenöl» tragen. Ich habe einen Ernährungswissenschaftler gefragt, wie dieses Olivenöl zu beurteilen ist. Er hat mir auch seinen wissenschaftlichen Wert bestätigt: obwohl es nicht so viele mehrfach ungesättigte Fettsäuren enthält wie zum Beispiel das kaltgeschlagene Sonnenblumenöl, besitzt es die Eigenschaft, u.a. Cholesterin abzubauen. Nun gibt es unterschiedliches Cholesterin im Körper, solches, das der Körper braucht und solches, das er nicht braucht und in seinen Gefäßwänden ablagert. Während das Distelöl beide Arten von Cholesterin, das «gute» und das «schlechte» abbaut, baut das Olivenöl nur das «schlechte» ab. Und der Ernährungswissenschaftler versicherte mir, nach dem neuesten Stand der Wissenschaft könne man einem Menschen mit Cholesterinproblemen nur empfehlen, sparsam Olivenöl zu verwenden, viel Gemüse und Obst zu essen und viele Fische. Aber das ist bereits ein anderes Kapitel.

Bleiben wir beim Olivenöl. Ein griechischer Schriftsteller des Altertums hat geschrieben «zwei Flüssigkeiten sind dem Körper des Menschen angenehm: innerlich Wein und äußerlich Öl.»

Dies erinnert daran, daß das Olivenöl in der Antike das wichtigste Körperpflegemittel überhaupt war. Es pflegte die Haut und schützte sie zum Beispiel gegen Sonnenbrand, und man kann durchaus empfehlen, das genannte «Jungfrauenöl» auch einmal äußerlich zu versuchen. Dabei war das Olivenöl wahrscheinlich nicht das erste Öl, das die Menschen benutzt haben. Man weiß es natürlich nicht genau und man ist auf die spärlichen Zeugnisse aus den Gräbern angewiesen, aber schon vor mehr als 6000 Jahren wurde das Sesamöl von Äypten bis Indien benutzt. Das Sesamöl ist kaltgepreßt ein sehr gutes Speiseöl, und es ist auch heute noch im Angebot unserer Lebensmittelläden. Fast ebenso lange wird in Mesopotamien und Ägypten Leinöl verwendet, mindestens seit dem Zeitpunkt, als die Menschen begonnen haben, Flachs zur Leinenerzeugung zu verwenden, konnten sie auch den Flachssamen auspressen. In Spanien, in Holland und in der Schweiz zeigen Funde, daß man in West- und Mitteleuropa wenigstens seit 5000 Jahren das Leinöl kennt. In Ägypten hat man vor allem Rettichsaatöl benutzt. Aber man hat noch den Samen einer anderen Feldfrucht ausgepreßt, den Samen einer Rübenart, und bis heute spielt das aus diesem Samen gewonnene Öl eine Rolle, auch wegen seines besonderen Geschmacks: das Rapsöl. Manche Leute möchten auf das Rapsöl am Salat unter keinen Umständen verzichten, weil es dem Salat einen ganz besonderen Geschmack verleiht. Das hat es mit dem Walnußöl gemeinsam, das am Salat besonders fein schmeckt. Leider wird es nur allzu schnell ranzig.

Etwa um 2500 v. Chr. hat es auf Kreta mit Sicherheit schon Olivenöl gegeben, denn auf Kreta ist eine wilde Sorte von Olivenbäumen daheim. Man hat dort angefangen, die Ölbäume zu kultivieren. Wahrscheinlich hat man damals schon auf Kreta die gleiche Art der Ölgewinnung benutzt, die von den Bauern dort auch heute noch angewendet wird. Die Oliven werden mit heißem Wasser übergossen und saugen sich voll. Dann wird gepreßt, und die Wasser-Öl-Mischung fließt in flache Kufen. Dort sammelt sich das Öl oben, die Kufen haben unten einen Hahn, man läßt das Wasser abfließen und erhält so das reine Öl. Kreta, Syrien und Palästina waren Ausgangspunkt und Zentrum der frühen Ölkultur. Über Griechenland kamen die Ölbäume nach Italien und verbreiteten sich weiter im gesamten Mittelmeerraum. Es gibt heute 30 Sorten. Der Baum trägt in jedem zweiten Jahr Früchte. Darum muß man die Kulturen so anlegen, daß in jedem Jahr die Hälfte der Bäume Früchte trägt. Der Baum verträgt keine extremen Temperaturen, und man sagt und die Erfahrung belegt es, er wächst nur dort, wo die Luft des Mittelmeeres weht. Von Oktober bis Dezember wird geerntet. Die Oliven werden von Hand gepflückt oder mit Stangen herabgeschlagen. Wer jemals auf Kreta war, kennt die riesigen Ölbaumkulturen, von denen heute viele nicht mehr abgeerntet werden, weil es an Arbeitern fehlt und weil es in der EU auch einen Ölsee gibt. Olivenöl und Oliven sind zusammen mit Brot, Käse, Salz und Wein die Grundnahrungsmittel der einfachen Menschen am Mittelmeer. Olivenöl gilt bis heute als Träger göttlicher und heilender Kräfte. Das Kind wird bei der Taufe gesalbt, und es heißt, man dürfe es nicht küssen, ehe es gesalbt sei. Mit der heiligen Salbung, der Myronsalbung, wird das Kind in die orthodoxe Kirche aufgenommen. Kranke werden gesalbt, Sterbende werden gesalbt, Könige erhalten durch die Salbung ihre Weihe. In der Schweiz wird die Schwelle des Hauses des Bräutigams mit Öl gesalbt, in Italien wirft man an Weihnachten Ölzweige ins Feuer «so viel Söhne, so viel Ferkel, so viel Lämmer». In Baden nehmen schwangere Frauen geweihtes Öl im Namen Jesu ein, zum Heil für das ungeborene Kind. Kindern, die nicht sprechen lernen, bestreicht man die Zunge mit geweihtem Öl. Epileptiker und Besessene werden gesalbt. Bei Viehseuchen macht man dem Tier ein Kreuz mit geweihtem Öl auf Stirn und Rücken, und das Öl aus den Öllampen vor den Tabernakeln (Ewiges Licht) gilt als wirksam gegen viele Krankheiten.

Aber auch die Hexen benutzen das Öl. Sie nehmen von dem Tauföl und bestreichen ihre Lippen, um die Männer, die sie küssen, besser verführen zu können. Am Mittelmeer glaubt man, daß, wenn man Öl ins Wasser gießt, Geister und Dämonen sichtbar werden. Als es mir vor Jahren einmal in Thessalien besonders schlecht ging, riet mir ein griechischer Freund, die Frau des Pfarrers aufzusuchen. Sie brachte eine Schüssel mit Wasser und die Ölflasche, und sie ließ mich Öl in das Wasser spritzen, und dann teilte sie mir mit, ich sei von einer Frau verhext worden. In diesem Augenblick läutete das Telefon. Am Apparat war die einzige Frau, die in meinen Augen für derlei Hexerei in Betracht kam.

Die Papathia goß das Wasser mit dem Öl zum Fenster hinaus, und im gleichen Augenblick waren meine Probleme verschwunden.
Olivenöl. Öl vom heiligen Baum der Athene, Symbol des Friedens. Im Alten Testament Ausdruck göttlichen Schutzes, im Koran, Sinnbild göttlichen Segens. Was kann ein Nahrungsmittel mehr sein?
Als die Arche Noah auf dem Ararat gestrandet war, schickte Noah eine Taube aus, um zu erfahren, ob die Wasser der Sintflut sich verlaufen hätten, und sie kehrte zurück und trug einen Ölzweig im Schnabel als Sinnbild des Friedens. Der einzige Preis für die Sieger in Olympia war ein Zweig vom heiligen Ölbaum. Bis heute werden von der Kirche Ölzweige geweiht zum Schutz gegen alle Krankheiten, gegen Fieber, gegen Gewitter, Feuer, böse Geister, Hexen, Ungeziefer und Not.
Und Messias, griechisch «Christos» bedeutet, der mit Öl Gesalbte.

Die Großmutter wußte:

- Salat *wäscht* man am besten unter fließendem Wasser und läßt ihn dann nur noch einige Minuten in Salzwasser liegen. Das Salz bewirkt, daß eventuell doch noch an den Blättern haftendes Ungeziefer (Schnecken) sich lösen und auf den Boden sinken.
- Wenn man *Blattsalat kleinschneidet,* wäscht man die Blätter zuerst, schwingt sie trocken und schneidet dann. Dadurch vermeidet man das Auslaugen der Vitamine.
- *Welken Blattsalat* kann man wieder knackig machen, wenn man die gewaschenen Blätter eine Viertelstunde in handwarmes Wasser legt. Ernährungsapostel heben hier den Finger: die Vitamine werden dabei ausgelaugt. Sparsame Hausfrauen werden aber für diesen Tip trotzdem dankbar sein.
- Gewaschenen Salat muß man *trockenschwingen.* Hat man keine Salatschwinge, genügt es, die Blätter in ein sauberes, trockenes Küchentuch zu legen, dieses zuzuknoten und den Salat so zu schleudern. Macht man das nicht, verwässert sich die Sauce zu sehr.
- Salatöl imprägniert die Blätter, d.h. macht sie für die Sauce weniger aufnahmefähig. Deshalb: Salatsauce mit den Zutaten *außer Öl* mischen, das Öl auf den Tisch stellen, damit jeder nach seinem Gutdünken davon nehmen kann.
- Wenn man den Salat *unangemacht* auf den Tisch stellt, die Sauce und das Öl extra reicht, vermeidet man Salatreste, die man wegwerfen muß (Ausnahme: Salate, die «ziehen» müssen).
- *Bittere Salate* schmecken möglichst feingeschnitten besser. Gepreßter Knoblauch gehört in die Sauce. Dieser Salat sollte eine Stunde vor dem Servieren angemacht und an einen warmen Ort gestellt werden. Er sieht dann allerdings nicht mehr so schön aus, schmeckt aber viel besser. – Hartgekochte Eier vermindern die Bitterkeit von Salaten (z.B. Löwenzahnsalat).
- *Schnittlauch* gibt man am einfachsten zur Salatsauce, indem man ihn mit einer Schere kleinschnipselt. Und wenn wir schon beim Schnittlauch sind: Ihn schneiden, bevor sich Blütenstände entwickeln, waschen, gut trocknen (wichtig! sonst ist er nicht mehr rieselfähig), kleinschneiden, in Marmeladeglas mit Schraubdeckel geben, tiefkühlen. So hat man immer verwendungsbereiten Schnittlauch zur Hand.

Salatwürzen und -Kräuter

Würzen:
Salz
Pfeffer
Senf
Ketchup
Tomatenpüree
Rahm, sauer und süß
Mayonnaise
Joghurt
Sesam
Tabasco
Sojasauce
Worchestersauce
Meerrettich
Kapern

Kräuter:
Zwiebel
Zwiebelröhrchen
Knoblauch
(eventl. nur Ausreiben der Schüssel mit Knoblauch)
Schnittlauch
Petersilie
Dill
Estragon
frischer Koriander
Liebstöckel
Kerbel
Bohnenkraut
Gurkenkraut
Minze
Thymian
Zitronenmelisse
Basilikum
Fenchelgrün
Oregano
Portulak
Pfefferminze

Von Öl und Essig

Öl und Essig sind es, die einen Blattsalat zu einer Delikatesse machen – oder ihn verderben können. Deshalb lohnt es sich, die Vor- und Nachteile einzelner Öle und Essigarten zu kennen:

Öl

Öl muß dunkel bei Zimmertemperatur aufbewahrt werden. Bei Temperaturen unter 6° flockt es aus, klärt sich aber bei etwas wärmerer Lagerung wieder.

Olivenöl

Die Qualität «extra vierge» oder «extra vergine» ist vorzuziehen (ist aber auch die teuerste). Sie wird aus kaltgepreßten Oliven gewonnen und ist naturrein. Dieses Öl ist grünlich, geruchlos, sein Geschmack fruchtig. Es ist ein Jahr haltbar. Das naturreine Öl kann mit der Zeit einen Bodensatz bilden, was aber weder der Bekömmlichkeit noch dem Geschmack abträglich ist.

Sonnenblumenöl

Auch hier ist das kaltgepreßte am gehaltvollsten. Haltbarkeit: höchstens sechs Monate.

Rapsöl

Raps wird in der Schweiz und in Süddeutschland angebaut. Es hat einen neutralen Geschmack. Haltbarkeit: höchstens sechs Monate.

Baumnußöl

Hat einen starken Eigengeschmack, sollte sparsam verwendet werden. Macht aber zum Beispiel einen Nüssli- oder Löwenzahnsalat zum Festschmaus. Nur kleine Quantitäten einkaufen, da höchstens zwei Monate lagerfähig. Übrigens: Reines Baumnußöl ist ein ausgezeichnetes Sonnenschutz- und Bräunungsöl!

Sojabohnenöl
Ist sehr dünnflüssig, von neutralem Geschmack, gut haltbar.

Kräuteröle
Mit ihnen läßt sich auf interessante Weise experimentieren. Grundsatz: wenn man Kräuteröl verwendet, nimmt man neutralen Essig dazu – und umgekehrt. Man gibt zum Beispiel mit Vorteil an sich trockene Kräuter wie Rosmarin, Thymian, Majoran, Salbei in eine Flasche, füllt mit dem Öl auf, verschließt die Flasche, läßt sie mindestens 14 Tage an einem dunklen Ort stehen. Hie und da schütteln. Die Flasche nach Ölentnahme immer wieder mit Öl auffüllen, damit die Kräuter nicht schimmeln, oder aber beim erstmaligen Gebrauch die Kräuter entfernen. Mit eher wasserhaltigen Kräutern macht man besser Kräuteressig (siehe nächsten Abschnitt).

Wie man Weinessig selbst macht
Man schwenkt in einer 2 Liter Flasche mit weiter Öffnung, – etwas guten Weinessig, so, daß die gesamte Fläche der Flasche mit dem Essig berührt wird, und läßt ihn eintrocknen. Das wiederholt man dreimal. Dann füllt man die Flasche mit ¼ l dieses Essigs, gibt 1½ l warmen Landwein dazu sowie ein Stück mit Pfefferkörnern bestecktes Roggenbrot. Dann verschließt man die Flasche mit einem luftdurchlässigen Gazestück. Man stellt die Flasche an einen warmen Ort. Aus dem Roggenbrot wird sich eine Essigmutter bilden. Eine Essigmutter sieht übrigens aus wie ein gallertartiger Pilz. Man zieht den Essig zum Gebrauch von Zeit zu Zeit in Flaschen ab und füllt wiederum warmen Wein nach.
Einmal im Jahr muß die Essigmutter gereinigt werden. Man schüttet den Essig ab, spült die Essigmutter im kalten, fließenden Wasser, gibt beides wieder zurück in die ebenfalls gut ausgewaschene Essigflasche.
Genau wie Sauerteig soll man ein Stück Essigmutter einer lieben Person schenken. Das erhält die Freundschaft.
Zuerst den eigenen Essig herstellen, diesen dann in *Kräuteressig* umwandeln: ein Hobby, das (noch) viel zu wenig bekannt ist!
Für Kräuteressig verwendet man am besten wasserhaltige Kräuter wie Dill, Petersilie, Majoran, Zitronenmelisse. Aber nicht Basilikum. Bei ihm bleibt der Geschmack in Öl besser enthalten.
Wenn man Kräuteressig für den Salat verwendet, nimmt man dazu ein möglichst geschmacksneutrales Öl – sonst gibt es nicht nur Salat, sondern auch Kräutergeschmackssalat – und das wäre schade.
In feinen Rezepten der Großmutterküche fehlte auch der *Himbeeressig* nicht – den die Erfinder der Nouvelle Cuisine wieder zu Ehren haben

kommen lassen. Auch dieser läßt sich selbst herstellen:
Man nimmt zwei Kilogramm der Himbeerrückstände, die beim Einkochen von Gelee oder Sirup anfallen (natürlich könnte man auch frische Himbeeren nehmen), gibt sie in ein Keramik- oder Glasgefäß, übergießt mit soviel Rotweinessig, daß die Beeren gut bedeckt sind, läßt dies 3 Wochen an der Sonne oder an einem warmen Ort stehen. Abseihen, pro Liter Flüssigkeit 100 g Zucker zugeben, ¼ Std. köcheln, filtrieren, in gut verschließbare Flaschen abfüllen, kühl und dunkel lagern.
Die Krone des Essigs aber ist *«Aceto balsamico» – Balsamessig,* für dessen Herstellung ich leider kein Rezept gefunden habe. So weiß ich bloß, daß dieser Rotwein-Essig über Jahre hinaus in Eichenfässern gelagert wird. Man sollte ihn sich als Andenken an eine Reise nach Italien kaufen. Zu verwenden, wenn man zu einem besonderen Tag einen ganz besonderen Salat mischen will.

Salade niçoise

In zehn alten französischen und italienischen Kochbüchern habe ich die Rezepte für Salade niçoise verglichen. Nur wenige Zutaten sind in allen enthalten, nämlich Sardellenfilets, Senf, Olivenöl, Salz und Pfeffer. Sonst variieren sie von gekochten Bohnen, Bleichsellerie, belgischer Endivie, hartgekochten Eiern, Gurken, gekochten Kartoffeln, Kopfsalat, grünen und schwarzen Oliven, Paprikaschoten, Karotten, Tomaten, Sellerieknollen, Knoblauch bis zu Zwiebeln, Basilikum, Thunfisch in Öl, Essig und Pfeffer.
Mein Vorschlag: die obenerwähnten, in der Küche vorhandenen Zutaten lagenweise in eine große Schüssel geben, übergießen mit einer Salatsauce aus

4 EL Olivenöl,
2–3 EL Rotweinessig
1 KL Senf
Salz und Pfeffer

Salatsaucen

Ein schwieriges Unterfangen, Rezepte für Salatsaucen anzugeben! Vor allem schaffe ich es nicht, nur weil «man» es so macht, eine Zutat zu erwähnen, die mir selbst nicht schmeckt, z. B. den Zucker im Salat. Da streike ich schlicht und einfach. Scheint mir eine Salatart zu bitter, dann lasse ich die geschnittenen Blätter ein paar Minuten lang in lauwarmem Wasser liegen, gebe der Sauce unbedingt Knoblauch bei und lasse das ganze dann ziehen. Die Salatblätter sehen dann wohl etwas welk aus. Aber meine Gerichte sollen vor allem gut *schmecken*. Natürlich heißt es auch bei uns «Auge ißt mit» – doch dieser Leitspruch ist sekundär. «Teller leergegessen» ist wichtiger.

Nun also zu den Salatsaucen:

Zarte Blattsalate (z. B. Brunnen- und Gartenkresse) ohne Öl anmachen, z. B.

1 EL Milch
1 KL Zitronensaft
1 Spritzer Maggiwürze
Salz, Pfeffer

Standard-Salatsauce, für eine Salatportion für 4 Personen:

3 EL Öl
1 – 2 EL Essig
Salz, Pfeffer

je nach Salatart, Lust und Laune weitere Würzen oder Kräuter.
Schelten Sie mich nicht, weil die Essigmenge nicht genau vermerkt ist. Sie hängt sehr davon ab, welchen Essig Sie verwenden und welchen Geschmack Ihre Lieben und natürlich Sie selbst haben. Es lohnt sich, das «Essig-Öl-Verhältnis» genau zu testen und sich dann einen Fertigvorrat anzulegen, indem man Essig und Öl statt eßlöffelweise deziliterweise in eine Flasche gibt und mit Salz und Pfeffer würzt. Die restlichen Zutaten zur Sauce gibt man von Fall zu Fall bei.

Essig als Medizin

Daß Fußwickel aus Essigwasser fiebersenkend wirken, ist jenes Großmutter-Hausrezept, das sich wohl am ehesten in die neue Zeit hinübergerettet hat.
Ein *Fieberkranker* wird auch dankbar sein, wenn man ihm die Stirn mit einem Tuch abwischt, das in ein leichtes Essigwasser getaucht wurde.

Die *Apfelessig-Kur* nach Dr. Jarvis, der alte Vermonter Hausheilmittel sammelte, darf hier nicht unerwähnt bleiben: Täglich nüchtern trinkt man ein Glas Wasser, in dem man 2 KL Apfelessig und 2 KL Honig aufgelöst hat. Das erhält jung, beugt Alterserscheinungen vor.

Schönheitspflege mit Essig, Kopfsalat, Olivenöl

Deodorant

0,5 l Obstessig
30 g Thymian getrocknet oder
30 g Lavendel getrocknet

Das getrocknete Kraut in eine Emaille- oder Porzellanschüssel geben (keinesfalls Metall!), den bis knapp vor den Siedepunkt erhitzten Essig darüberschütten, über Nacht stehen lassen, abseihen.
Dieses Deodorant hemmt die Schweißabsonderung nicht, verhindert aber den Schweißgeruch.

Gesichtsmaske für trockene, strapazierte Haut, gegen Falten

Gewaschene Kopfsalatblätter trockentupfen, mit gutem Olivenöl beträufeln, auf das mit lauwarmem Wasser gereinigte Gesicht legen, ein mit warmem Wasser befeuchtetes Gazetuch darüber legen, 20 Min. einwirken lassen, mit lauwarmem Wasser abwaschen.

Was zu Feiertagen und Festen gehörte: Nudeln und Spätzle

Stand ein Feiertag, Weihnachten, Neujahr, Ostern bevor oder ein Familienfest, so warf es seine Schatten in Gestalt von Nudelmachen voraus. Meine Mutter holte hinter dem Herd das Nudelbrett hervor, rieb es ab, bestäubte es mit Mehl, fuhr mehrere Male mit der flachen Hand darüber und machte dann in die Mitte des Nudelbretts einen Berg aus weißem Mehl. Er bekam eine Vertiefung, die mich stets an einen Vulkan erinnerte. Mein Vater hatte mir nämlich eines Tages anhand eines Vesuvbildes erklärt, das sei ein Vulkan, und ein Vulkan sei ein feuerspeiender Berg. Zurück zur Nudelherstellung. In den «feuerspeienden Berg» also wurden Eier hineingegeben, die Mutter am Rand einer Kaffeetasse aufgeschlagen hatte, zuerst in die Tasse gab und zwar Stück für Stück, um sich durch Riechen von der Frische des Eies zu überzeugen. Zu den Eiern kam etwas Salz. Dann begann Mutter mit den Fingern die Eier umzurühren und mit dem Mehl zu vermischen bis sie schließlich einen Teig hatte, der nun auf dem Nudelbrett gehörig geknetet wurde. Mit dieser Tätigkeit wurde ich schon in früher Jugend betraut. War die Sache genügend geknetet, übernahm Mutter wieder das Kommando, obwohl jetzt etwas kam, was ich liebend gerne gemacht hätte. Mutter nahm ein ganz spezielles Nudelholz aus dem Küchenschrank, das sich von einem Wallholz dadurch unterschied, daß es nichts anderes als ein abgesägter Besenstiel zu sein schien. Sie mehlte das Nudelbrett zuerst wieder gehörig ein, dann riß sie ein Stück Teig ab, legte den Rest Teig in eine Schüssel und drückte mit der Hand die Teigmenge, die etwa die Größe einer Männerfaust hatte, flach. Sie zog und drückte und wendete, streute Mehl darüber und begann schließlich mit dem Nudelholz die Sache immer dünner zu machen, bis schließlich ein «Teigplätz» entstanden war. Mutter sagte: «Er muß so dünn sein, daß man die Zeitung darunter lesen kann». Ich habe es einmal probiert, es ging tatsächlich. Diesen Teigplätz puderte Mutter noch einmal mit Mehl ein auf beiden Seiten, entfernte mit der Hand das überschüssige Mehl und wickelte ihn locker um das Nudelholz. Damit begab sie sich ins Schlafzimmer, wo sie über die dicken Plumeaus, unter denen man damals noch schlief, ein sauberes weißes Tischtuch gebreitet hatte. Auf dieses Tischtuch kamen nun die Plätze. Bei einem normalen Weihnachtsfest genügte Mutters Bett. Bei einer Hochzeit, einer Erstkommunion oder einer Taufe war auch das Plumeau des väterlichen Bettes mit Nudelplätzen bedeckt und schließlich auch mein eigenes. Nach zwei bis drei Stunden wurden sie wieder in die Küche geholt, vorsichtig, damit sie nicht brachen, denn sie waren jetzt etwas angetrocknet, und Mutter schnitt sie auf dem Nudelbrett in Nudelform, dazu rollte sie den Plätz zunächst zusammen, so daß sie mit einem Schnitt bis zu 25 cm lange Nudeln erhielt, je nachdem, ob der Schnitt am Anfang oder in der Mitte der Rolle gemacht wurde. Auch diese Tätigkeit wurde mir von Mutter verweigert, weil sie um die gleichmäßige Breite ihrer Nudeln fürchtete. Was ich wieder tun durfte, das war, zum Schluß diese Nudellocken vorsichtig und locker aufzuzupfen, so daß sie auf dem Nudelbrett dem festtäglichen Essen entgegen trocknen konnten. Bei besonderen Anlässen, also vor allem bei den genannten Familienfesten, wurde aus mindestens einem Plätz eine ganz dünne Nudelart gemacht. Das sei die höchste Kunst, sagte Mutter: «Suppennudeln». Außer der Breite des Schnittes wurden sie genauso behandelt wie die anderen

auch. Nun werden Sie sich fragen, wie es in einer Familie, die aus Vater, Mutter und Striezi – nämlich mir – bestand, so viele Familienfeste gegeben hat. Das hatte seinen Grund erstens in der großen Zahl von Geschwistern meiner Mutter, zweitens in der großen Zahl von Kindern dieser Geschwister, drittens in der Tatsache, daß meine Mutter zwar keinesfalls die Jüngste ihrer Geschwister war, wohl aber ich der Jüngste der ganzen Generation. Infolgedessen kam nun für Cousinen und Vettern, es sind gegen zwanzig, umschichtig die Zeit der Heirat; während die ersten schon Kinder bekamen, heirateten die nächsten, und während sie heirateten, bekamen andere schon wieder Kinder, und die Kinder der ersten kamen zur Erstkommunion. Dazwischen starb ein Onkel oder eine Tante, was in einer anständigen Familie auch wieder ein Anlaß zu einem Fest ist. Ich fürchte, diese schöne Freude der Familienfeste kennt in unserer Zeit kaum noch einer, weil es ja keine Kinder mehr gibt, weil die Familien in einzelne Paare atomisiert sind und weil in den Wohnblöcken unserer Großstädte das Bewußtsein für die Zusammengehörigkeit in Großfamilie und Sippe verkümmert.
Im Urlaub, in Griechenland, in der Türkei, in Süditalien stehen wir dann staunend vor den gewaltigen Familienfesten. Auf Kreta habe ich einmal eine Hochzeit mit 2000 Gästen erlebt. Das war ein ganzer Dorfplatz voller Leute und ein Lyraspieler und ein Lautenspieler spielten zum Tanz, sehr laut, denn sie hatten eine elektronische Verstärkungsanlage, und diesen technischen Fortschritt zeigten sie auch.
Zurück zur Nudelfabrikation meiner Mutter. Sie war eine exzellente Köchin, und deswegen mußte sie auf allen Familienfesten kochen. Gott sei Dank, denn so war ich auch bei all diesen Festen dabei – nur unter väterlicher Aufsicht, und mein Vater war ein sehr toleranter Mann.
Die Folge war, daß jedes der Feste, die im heimatlichen Hexental, wo meine Mutter herstammt, stattfanden, ein böses Ende nahm. Entweder war es mir schon nach der Linzertorte schlecht; Sie erinnern sich, Linzertorte und Kaffee beschließen im Schwarzwald die ausgedehnte Speisefolge am Nachmittag, um dann nach einem kleinen Spaziergang zum abendlichen Vesper überzuleiten. Ich hielt mich dann nur noch aufrecht in Gedanken daran, daß, wenn ich etwas sagen würde, fünf besorgte Tanten den Jüngsten in irgendein Bett irgendeiner Cousine oder eines Vetters legen würden, und diese Betten dufteten alle miteinander so, wie halt früher Betten auf dem Land dufteten, zumindest im Schwarzwald: Kuhstall. So hielt ich denn durch, kotzte im Verborgenen, was aber schlimmer war, wenn es mich auf der Heimfahrt im Postbus irgendwo zwischen Wittnau und Sölden erwischte. Die Straße war damals noch kurvenreich, es gab viele Schlaglöcher, und ein Postbus war damals auch noch nicht das, was er heute ist. Eigentlich wurde es mir immer schlecht im Bus, aber halt vor allem dann, wenn es auch etwas zum Von-mir-geben gab. Welch ein Glück, wenn es dann meinem Vater noch gelang, den Busfahrer zum außerplanmäßigen Anhalten zu bringen.
Aber wir sind schon wieder von der Nudel abgekommen. Wenn ich es mir recht überlege, gab es wirklich daheim nur bei den genannten Anlässen Nudeln. An normalen Tagen, auch Sonntagen fanden die Teigwaren in Gestalt von Spätzle statt. Das ist ja das Besondere der Schwarzwälder. Sie essen sowohl Kartoffeln als auch Spätzle. Das unterscheidet uns von den Schwaben, wobei ich selbstverständlich weiß, daß auch ein Schwabe zu den Spätzle seinen Kartoffelsalat liebt. Aber wie gesagt, Spätzle waren die Teigwaren für den Alltag.
Die Nudeln müssen in unseren Gegenden erst spät aufgekommen sein. Aus der Tatsache, daß sie nur Festtagsessen waren, schließe ich das. Es gibt noch einen Anhaltspunkt. Im Handbuch des

deutschen Aberglaubens kommen die Nudeln nur in Form von Dampfnudeln vor, das heißt überhaupt nicht, denn Dampfnudeln sind ja überhaupt keine Nudeln. Es ist etwas schwierig, nach der Herkunft der Nudel zu fragen. Ich nehme an, sie kam erst im 19. Jahrhundert in den Schwarzwald, und zwar aus der Stadt wie noch eine ganze Reihe von Gerichten. Vielleicht war es auch der Österreichische Einfluß, schließlich waren Freiburg und der Schwarzwald ja ein Teil von Vorderösterreich bis 1806, und die Erinnerung daran ist im Speisezettel z. B. gewisser Freiburger Gastwirtschaften durchaus noch lebendig. Aber wo kamen die Nudeln überhaupt her? Natürlich ist man geneigt, die berühmten Römer zu bemühen. Aber die kannten sie nun wirklich noch nicht. Manche sagen, Marco Polo, der Venezianer, der im 13. Jh. als erster Europäer unter vielen Mühen und gewaltigen Abenteuern nach China reiste, habe dort auch die Herstellung von Nudeln kennengelernt und habe dieses Wissen mit nach Italien gebracht. Das mag in der Tat so sein, denn die Chinesen, uraltes Kulturvolk, kennen die Herstellung von Nudeln seit undenklicher Zeit. Irgendwo habe ich gelesen, daß die Kunst des Nudelmachens in China erstaunliche Formen hat. So wird eine Art von Spaghetti, zu deren Herstellung wir eine Maschine brauchen, dort von Hand hergestellt. Der Nudelmacher soll den Teig zusammen mit einem Gehilfen von Hand zu meterlangen Strängen auseinanderziehen, wobei diese Stränge geschwungen werden. Die so erzielte Nudel wird auf die Hand aufgewickelt zu großen Knäueln. Wenn man chinesische Glasnudeln kauft – essen Sie auch so gerne chinesische Hühnersuppe mit Morcheln und Glasnudeln? – dann sieht man diese Fadennudelknäuel.
Salcia Landmann, die Autorin gescheiter und unterhaltsamer Bücher über die jüdische Küche, der ich viele Rezepte von Lieblingsgerichten verdanke, widerspricht der Auffassung von der Brückenfunktion des Marco Polo. Sie behauptet, die Chasaren hätten bereits Hunderte von Jahren vor Marco Polo die Nudel nach Europa gebracht. Und das kam so: die Chasaren waren ein Reitervolk in Mittelrußland, die aber durchaus Kontakt nach Osten bis nach China hatten. Sie beschlossen eines Tages, endlich eine vernünftige Religion anzunehmen. Offensichtlich genügte ihnen ihr altertümliches Heidentum nicht mehr. Sie prüften Christentum, Islam und Judentum und entschieden sich, Juden zu werden. Das war im 8. Jh., also erheblich früher als Marco Polo. Wenn es stimmt, daß sie von den Chinesen das Nudelmachen gelernt haben, dann kann man leicht glauben, daß die Nudeln als Gericht über jüdische Händler nach Europa kamen. Im 8. Jh. hatten die Juden in den islamischen Reichen Spaniens eine gute Zeit, vielleicht eine der wenigen guten Zeiten, die ihnen überhaupt in den letzten 2000 Jahren in Europa vergönnt waren. Jüdische Händler, Wissenschaftler, Gelehrte kamen auf den Straßen und Seewegen der islamischen Herrschaftsbereiche nach dem Osten – schließlich gab es am Südrand des Mittelmeers von Spanien bis nach Anatolien islamische Emirate – und brachten die Erfindung der Nudel nach Cordoba, Toledo und Sevilla. Und von dort nahm sie ihren Siegeszug zunächst nach Italien und dann wohl auch in Richtung Norden. Bei den komplizierten Speiserichtlinien der Juden war sie eine Ergänzung des Speisezettels, die wie gerufen kam.
Aber wie ist es eigentlich mit den Spätzle? Nun wird jede Schwäbin und jeder Schwabe sofort rufen: die sind der Beitrag der Schwaben zur Weltkultur. Als Badener, der allerdings Spätzle liebt, steht man dem etwas skeptisch gegenüber. Ich habe einmal diese Geschichte gehört, die Sie aber bitte nicht ernst nehmen:
Es war einmal ein römischer Soldat, der hinter dem Limes stand im damaligen Zehntland, so hieß das Land, das die Römer besetzt hatten, das Baden und Südwürttemberg umfaßte und dessen

Grenze gegen die Germanen auf einer Linie Mainz, Ulm durch eben den Grenzwall, den Limes, gekennzeichnet war. Also unser römischer Soldat, der stand in irgendeiner Garnison, vielleicht in Bad Cannstatt. Nun konnte man aus dem Zehntland nur mit größeren Schwierigkeiten nach Rom reisen. Der Flugplatz Echterdingen bestand noch nicht, und es gab auch noch keine IC-Verbindung von Stuttgart nach Rom. Was es gab, das waren die berühmten Römerstraßen, und die mußte man als einfacher Soldat zu Fuß gehen, und wenn ich einmal roh schätze, so war es aus der Gegend von Stuttgart nach Mittelitalien schon ein Weg, für den man einen Monat im Minimum ansetzen mußte. Also mit Wochenendurlaub war da nix und wie lang der Jahresurlaub dauerte, das weiß ich nicht. Dauerte er einen Monat, so wäre unser Soldat gerade heimgekommen. Für den Rückweg oder gar einen heimatlichen Urlaub wäre keine Zeit übrig geblieben. Also verbrachte er vermutlich seine ganze Dienstzeit in Bad Cannstatt, und bis er pensioniert war, hatte er sich so sehr an den Trollinger gewöhnt, daß ihm jeglicher Chianti als Labberwasser vorkam, vom Geisburger Marsch und Maultaschen ganz abgesehen. Was ist schon ein Ravioli, wenn man eine geschmelzte schwäbische Maultasche haben kann? Also unser Soldat, den überkam eines Tages das unendliche Heimweh. Und über dieses Heimweh vermochte ihn noch nicht einmal sein schwäbisches Schätzle hinwegzutrösten. Und dieses Heimweh hatte eine konkrete Mitte: «Elsbethle», sprach er seufzend, «habeo nostalgiam magnam ad spaghettos».
«Wia moinsch, Markusle?»
«Isch große Sehnsucht haben nach Spaghetti.»
Ein paar Tage später kam eine Eselkarawane in Bad Cannstatt an, der es gelungen war, über die Alpen und durch das Gebiet der Helvetier zu kommen, ohne nennenswerte Verluste zu erleiden. Und diese Karawane hatte unter anderem weißes Mehl aus der Poebene dabei. So bekam jeder der Soldaten in der Garnison einen Helm voll Weißmehl. Das war eine Freude, denn im Schwabenland aß man damals nur Vollwertkost aus Hirse und Hafer, ähnlich wie heute. Er ging mit seinem kostbaren Weizenmehl zur Elsbeth, sagte ihr, sie möge einen Topf mit heißem Wasser machen und ihm 10 Eier geben. Aus dem Weißmehl und den Eiern machte er einen Teig, so wie er es seine Mutter immer hatte machen sehen. Wie aber nun aus diesem dünnflüssigen Teig Spaghetti gewinnen? Er hatte das lange überlegt. Er schmierte den Teig auf seinen Schild, trat an den Topf mit dem kochenden Wasser und schabte mit seinem Schwert von dem Teig spaghetti-ähnliche Teile und ließ sie ins Wasser fallen. Die Elsbeth nannte die neue Art von Lebensmittel Spätzle, weil ihr Markusle immer zu ihr sagte: «Du bischt moi Spätzle», wobei er mit Spätzle durchaus den «passer domesticus» meinte, zu deutsch den «gemeinen Hausspatz».
Nun ist man im Schwabenland der Meinung, so schrieb mir kürzlich ein Zuschauer, gerade umgekehrt sei es gewesen. Die Erfindung der Spaghetti gehe auf einen Schwaben zurück. Und zwar seien bekanntlich Schwaben eine der sparsamsten Menschenrassen überhaupt. Deshalb sei einer von ihnen auf die Idee gekommen, das, was man beim Makkaronimachen herausbohrt, nicht wegzuwerfen, sondern zu essen, eben die Spaghetti. Dieser Mann habe Paul Gettinger geheißen, man habe zunächst Spargettinger zu diesem neuen Produkt gesagt und aus Spargettinger sei dann im Italienischen Spaghetti geworden. Es läßt sich heute noch in meinem heimatlichen Murgtal nachweisen, daß die Leute, die sonst keinesfalls «r» sprechen können, im Falle von Spaghetti «Sparghetti» sagen. Das klingt dann so: «Kal wotsch moan zum Schwienes Nudle oda Sparghetti?» (Karl, möchtest du morgen zum Schweinebraten Nudeln oder Spaghetti?)

Aber ich wollte ja von den Spätzle erzählen und von der Kunst, sie herzustellen. Die höchste Kunst des Spätzleschabens sind ganz gleichmäßig dünne Spätzle. Wenn mein Freund Eugen Spätzle macht, dann schabt er sie vom Rand der Teigschüssel. Die werden wunderbar gleichmäßig. Meine Mutter hat auch gleichmäßige machen können. Aber ehrlich gestanden, ich habs ganz gern, wenn die Spätzle nicht so gleichmäßig dünn sind, sondern wenn gelegentlich ein dickeres dazwischen ist, damit man etwas zum Beißen hat.

Auf dem Speisezettel meiner Mutter spielten die Spätzle eine große Rolle. Ich sagte es schon, wir Badener lieben die Kartoffeln *und* die Spätzle. Etwas, was für mich unvergeßlich ist und was ich nie wieder zu essen bekommen habe, war folgendes: Meine Mutter machte Bratkartoffeln. Sie machte hinreißende, goldbraune, knusprige Bratkartoffeln. Die kamen auf eine Platte, und über die Bratkartoffeln kamen die von Mutter hergestellten und geschmelzten Spätzle. Wenn man von der Platte nahm, dann mußte man Spätzle und Bratkartoffeln nehmen. Dazu gab es entweder grünen Salat oder Sauerkraut. Kein Fleisch. Unter der Woche gab es nie Fleisch. Wozu auch? Diese Kombination von Spätzle, Bratkartoffeln und Sauerkraut hat so unendlich fein geschmeckt. Vielleicht ist es nur die Erinnerung, die nostalgische Erinnerung an daheim, an meine Mutter, aber das glaub ich nicht. Ich glaube, so etwas Einfaches schmeckt gut auch ohne Fleisch. Übrigens, wenn man Spätzle mit nichts anderem macht als mit Mehl, Eiern und Salz, dann enthalten sie genügend Proteine, so daß ernährungswissenschaftlich überhaupt kein Fleisch oder sonst etwas erforderlich ist. Aber ich möchte nicht ausschließen, daß halt zum Beispiel ein Rehrücken mit Spätzle hervorragend schmeckt.

Man kann das Kapitel über die Teigwaren nicht abschließen, ohne wenigstens ein Wort über Hörnle, Muscheln, Makkaroni, Cannelloni zu sagen. Für mich ist es immer wieder unbegreiflich, wie und warum Nudelhersteller auf die ungewöhnlichen Nudelformen kommen. Aber es sind eben nicht nur die Formen. Der gleiche Nudelteig schmeckt anders, wenn es sich um Spaghetti oder Makkaroni handelt, um Hörnle oder Muscheln. Ein Sauerbraten braucht Makkaroni, ein Schweinebraten Hörnle, ein Nudelsalat muß aus Hörnle gemacht werden und zu Muscheln gehört Dörrobst. Aber wahrscheinlich sind diese Assoziationen bei jedem anders, bedingt durch die Erinnerung an die Kochgewohnheiten der Mutter. Längst esse ich keine Nudeln mehr: Kalorien oder Joule, wie das heute heißt. Nur ganz gelegentlich. Dann müssen es Spaghetti sein mit Tomatensoße und gehörig geriebenem Käse darüber. So hat jeder Mensch seine Versuchungen.

Die Großmutter wußte ...

Teigwaren müssen in viel Salzwasser gargekocht werden. Wer sicher sein will, daß sie nicht zusammenkleben, rechnet die zehnfache Wassermenge, also 5 lt Wasser auf 500 g Teigwaren.
Das Teigwarenwasser soll schwach gesalzen sein, d. h. ein Eßlöffel Salz auf 5 l Wasser.
Ebenfalls um das Zusammenkleben zu vermeiden, gibt man auf 5 l Wasser 2 EL Sonnenblumen- oder Olivenöl.
Die meisten Spaghettirezepte schmecken am «italienischsten», wenn man Hartweizengrieß-Spaghetti und nicht Eier-Spaghetti verwendet. Sie haben zudem den Vorteil, daß sie die billigsten sind.
Dafür schmecken solche Teigwaren noch besser, wenn man über die angerichtete Speise noch Flöckchen von frischer Butter gibt.
Pro Person rechnet man im Schnitt mit 80 g Teigwaren.
Sind die Teigwaren ins Wasser gegeben, stellt man die Flamme klein und läßt sie im ungedeckten Kochtopf weichgaren.
Die Kochzeit der Teigwaren richtet sich nach deren Dicke. Die feinsten Teigwaren können schon nach fünf Minuten gar sein, dicke können bis zu 20 Minuten brauchen. Am besten probiert man sie häufig und richtet sie an, wenn sie noch etwas «Biß» haben. Wichtig: Die Schüssel muß heiß sein. Lauwarme Teigwaren schmecken gräßlich.
Teigwaren und Kartoffeln – ich glaube, keine andern Nahrungsmittel lassen sich so vielfältig zubereiten. Manchmal versuche ich mir vorzustellen, wie ein Speisezettel ausgesehen haben mag, bevor man sie kannte.
Unter «Teigwaren» verstehen wir heute vor allem italienische Spezialitäten, angefangen mit den aus Hartweizengrieß, Wasser und Salz hergestellten Spaghetti bis zu den Eierteigwaren, die – wie könnte es anders sein – halt am besten schmecken, wenn man sie selbst macht, so wie es unsere Großmütter taten. Das Grundrezept ist dabei genau gleich, ob man in den Kochbüchern deutscher, schweizerischer oder italienischer Großmütter schmökert: «man nehme Mehl, Salz und Eier». Fertig. Zeitaufwendig sind selbstgemachte Teigwaren nicht, wenn man den Trick kennt, den fertigen Teig mindestens eine halbe Stunde ruhen zu lassen. Dann ist er nicht mehr so zäh, daß es eines kräftigen Mannes bedarf, um ihn auszuwallen. Überdies gab es schon zu Großmutters Zeiten eine handliche Maschine, die einem diese Arbeit abnimmt und den Teig gleich noch in der gewünschten Breite zerschneidet.

Teigwarenrezepte

Großmutters Nudelteig

Es lohnt sich, eine größere Portion aufs mal herzustellen, denn die Teigwaren lassen sich – wenn man sie nach dem Auswallen und Trocknen gut bemehlt – einige Tage im Kühlschrank und drei Monate im Tiefkühler aufbewahren.
Grundrezept Nudelteig, den man für Nudeln, Lasagne, Cannelloni, Ravioli usw. verwenden kann:

400 g Mehl (Weißmehl, Typ 405, Ruchmehl, Typ 1080, Dinkel- oder Buchweizenmehl)
3—4 Eier
½ TL Salz

Will man grüne Teigwaren machen, ersetzt man 1 Ei durch 350 g Spinat, den man weichkocht und durch ein Sieb streicht.
Das Mehl auf den Tisch sieben, Salz darüberstreuen, in der Mitte eine Vertiefung machen, die Eier einzeln hineingeben, mit einer Gabel mit etwas Mehl vermengen, dann mit den Händen durchkneten. Das am Tisch und an den Händen haftende Mehl mit einem Teigschaber ablösen, in die Teigmasse hineinarbeiten. Je nach Eiergröße braucht es 3 oder 4 Eier für diese Mehlmenge. Ist der Teig glatt und geschmeidig, eine Kugel formen, diese mit einem feuchten Tuch bedeckt ½ Std. ruhen lassen. Dann mit dem Wallholz ausrollen, bis er nur noch millimeterdick ist.
Für Lasagne etwa 5 cm breite Stücke schneiden, die in der Länge der vorgesehenen Auflaufform entsprechen.
Für Nudeln den Teig etwas dicker belassen, locker aufrollen, in 5 mm breite Streifen schneiden. Will man die Nudeln nicht sofort verwenden, auf ein Tuch gelegt trocknen.
Schwer ist mir die Auswahl der Saucen gefallen, die ich hier angeben möchte. Einerseits werde ich immer wieder nach den klassischen Rezepten wie Bolognese- oder Tomaten- oder Pesto-Sauce gefragt (die man in vielen andern Kochbüchern auch findet), andererseits gibt es weniger bekannte und doch soo feine Zubereitungsarten. Hier ein Querschnitt.

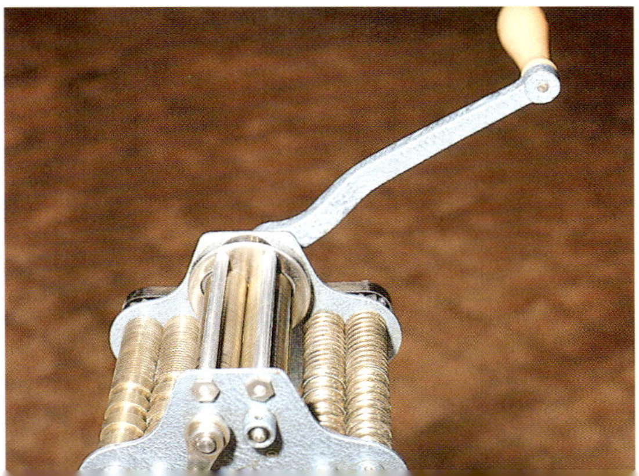

Spaghetti Fischerart
(Rezept einer italienischen Großmutter, für unsere Verhältnisse geändert)

2 EL Olivenöl
500 g Vongole (Venusmuscheln; aus der Dose)
200 g Crevetten (Dose oder tiefgekühlt)
1 dl Weißwein
1 Dose Pelati (500 g)
2 EL Tomatenpüree
1 Knoblauchzehe
1 Msp. Cayennepfeffer
Salz, Pfeffer
400 g Spaghetti

Das Öl erhitzen, die Vongole mitsamt dem Saft, die gefrorenen Crevetten beigeben, alles andämpfen, den Wein beifügen, 10 Min. köcheln lassen, die restlichen Zutaten dazugeben, 10 Min. eindicken lassen. Über die al dente gekochten Spaghetti geben, mit zwei Gabeln mischen.

Tomatensauce

2 EL Olivenöl
100 g gekochten Schinken, in Würfel geschnitten
1 feingehackte Zwiebel
1 Dose Pelati (500 g)
3 EL Tomatenpüree
½ TL Zucker
2 EL feingehacktes Basilikum frisch, oder 2 TL getrocknetes
1 EL Rosmarinnadeln, frisch oder 1 TL getrocknete
Salz, Pfeffer
1 Ei

Das Öl erhitzen, die Schinkenwürfel, dann die Zwiebel darin andünsten, die abgetropften Pelati, das Tomatenpüree beigeben, 5 Min. dämpfen, salzen, pfeffern, alles während ½ Std. eindicken lassen, die Kräuter beigeben, 15 Min. köcheln, die Sauce durch ein Sieb geben. Vor dem Servieren zuerst das gut zerklopfte Ei unter die Teigwaren mischen, dann dasselbe mit der Sauce tun. Mit geriebenem Parmesan servieren.

Ragù bolognese

1 EL Olivenöl
1 EL Butter
100 g gesalzener Speck, in Würfel geschnitten
500 g Rinder- und Schweine-Hackfleisch gemischt
1 Zwiebel, fein gehackt
2 Karotten, fein geraffelt oder geschnitten
¼ Sellerieknolle, fein geraffelt, oder 2 Rippen Bleichsellerie, fein geschnitten
2 dl herben Rotwein, am besten italienischer
1 Dose Pelati (geschälte Tomaten)
2 EL Tomatenpüree
1 EL Rosmarinnadeln, frisch oder 1 TL getrocknete
1 EL Salbeiblätter, frisch, fein geschnitten, oder
1 TL getrocknete
Salz, Pfeffer

Olivenöl und Butter schmelzen, den Speck beigeben, etwas anziehen lassen, Fleisch beigeben, durchbraten, die feingehackte Zwiebel, das feingeschnittene oder geraffelte Gemüse ebenfalls beigeben, 5. Min. dämpfen, mit dem Wein ablöschen. Pelati und Tomatenpüree beigeben, 1½ Std. auf kleinem Feuer kochen, die Kräuter beifügen, nochmals ½ Std. köcheln lassen, salzen, pfeffern.

Nudeln mit Nüssen

4 EL Wasser
1 EL Salz
400 g Nudeln
100 g Pinien- oder Walnußkerne
½ TL Zucker
1 Prise Zimtpulver
1 Prise Muskatnuß
Salz, Pfeffer
3 EL Olivenöl
1 EL frische Butter
1 EL helles Paniermehl

Die Nudeln al dente kochen, in einer vorgewärmten Schüssel anrichten.
Die Nüsse in einem Mörser fein zerstoßen, Zukker, Gewürze, Salz, Pfeffer und Öl daruntermengen, daß eine homogene Paste entsteht.
Die Butter schmelzen, das Paniermehl darin anschwitzen. Die Pfanne vom Feuer nehmen, die Nußpaste beigeben, alles über die Teigwaren schütten, mit zwei Gabeln leicht untermengen. Sofort servieren.

Béchamelsauce

1 EL Butter
1 EL Weißmehl
3 dl Rinderbouillon
2 EL Weißwein
Muskat, Salz, Pfeffer
3 EL geriebener Parmesan oder Sbrinz

Die Butter schmelzen, das Mehl darunterrühren. Die Pfanne vom Feuer nehmen, die Bouillon dem Pfannenrand entlang beigeben, gut rühren, den Weißwein beigeben, würzen, 5-10 Min. köcheln lassen.
Den Käse darunterziehen.

Nudeln mit Mascarpone

4 L Wasser
1 EL Salz
400 g Nudeln
250 g Mascarpone (ersatzweise Rahmquark)
4 EL Olivenöl
50 g Parmesankäse
Pfeffer
2 EL Petersilie, fein gehackt

Nudeln al dente kochen.
Mascarpone, Öl, Käse, Salz und Pfeffer miteinander vermischen, mit 2 EL des Nudel-Kochwassers verdünnen, mit den Nudeln und der Petersilie vermengen.

Teigwarenkroketten

3 EL Weißmehl
1 Ei
3 EL Milch
3 EL geriebener Parmesankäse
1 Prise Muskatnuß
Salz, Pfeffer
300 g Teigwarenreste (also gekochte Spaghetti oder Nudeln)
Fritieröl

Man vermengt das Mehl mit dem Ei, der Milch, dem Käse, daß ein dünnflüssiger Brei entsteht, würzt ihn.
Die Teigwarenreste werden in nußgroße Stücke zerschnitten, mit dem Brei vermischt, eßlöffelweise im Öl fritiert.

Lasagne oder Cannelloni

Man stellt die Lasagne her, kocht Bologneseund Béchamelsauce, (siehe Seite 65), gibt Lasagne und Bolognesesauce lagenweise in eine gefettete Auflaufform. Darüber schüttet man die Béchamelsauce. Man kann darüber nochmals etwas geriebenen Käse und Butterflöckchen geben. Die Lasagne werden im auf 200° vorgeheizten Ofen 20—25 Min. überbacken.
Das Rezept scheint kompliziert, hat aber den Vorteil, daß man die Speise z. B. schon am Vortag vorbereiten kann und dann nur noch zu backen braucht. Gut schmeckt dazu – auch wenn's nicht ganz stilrein ist, grüner Blattsalat, mit Rotweinessig, Olivenöl und etwas Knoblauch angemacht.
Mit genau denselben Zutaten kann man anstatt Lasagne auch Cannelloni machen. Dann gibt man auf die Teigstücke die Bolognesesauce, rollt sie zu Röhren (Nahtstellte nach unten), übergießt mit der Béchamelsauce.

Tortellini

Das sind mit Fleisch und/oder Quark und Gemüse gefüllte Nudelteigröllchen, die man in Feinkostgeschäften kaufen kann. Man kocht sie in viel Salzwasser während 20—25 Min. weich, übergießt sie z. B. mit einer Tomatensauce oder mit etwas Olivenöl, in dem man feingehackten Knoblauch und Salbeiblätter angedämpft hat.
In beiden Fällen mit geriebenem Parmesan überstreuen.

Die einzige Speise, die immer mein Vater zubereitete und die für uns Kinder ein Festessen war:

Jägerhörnli, wie sie in der Alp Ramoz gekocht wurden

3 L	*Wasser*
1 EL	*Salz*
6 mittelgroße	*Kartoffeln, gewaschen, geschält, der Länge nach geviertelt*
4 Handvoll	*Hörnli (die billigsten schmecken am besten!)*
1	*Zwiebel, geschält, fein gehackt*
1 Handvoll	*geriebener Emmentaler Käse*
3 EL	*frische Butter*

Die Kartoffeln im Salzwasser 10 Min. kochen, die Hörnli beigeben. Wenn diese gar sind, das Wasser abschütten. Zurückgeben in den warmen Kochtopf, dabei lagenweise die rohe Zwiebel und den Käse daruntermischen, die Butter braun werden lassen und darübergießen.
Zu Hause aßen wir Salat dazu. In der Ramozer-Hütte gab es das nicht. Deshalb bekamen wir nachher noch einen Apfel.

Kräuter-Makkaroni

3 l	*Wasser*
1 EL	*Salz*
300 g	*Makkaroni*
1 EL	*Olivenöl*
2 EL	*Liebstöckel, fein gehackt*
2 EL	*geriebenen Parmesankäse*
2 EL	*Butterflocken*

Wasser, Salz und Olivenöl aufkochen, die Makkaroni darin garkochen, in eine gut angewärmte Schüssel mit Deckel die Hälfte der Teigwaren geben, die Hälfte der Kräuter und des Käses streuen. Die zweite Hälfte der Teigwaren, der Kräuter und des Käses darübergeben, mit den Butterflocken bestreuen, 5 Min. zugedeckt ziehen lassen. Die Schüssel zugedeckt auf den Eßtisch stellen, den Deckel abheben und ... ahhh.
Salat aus geraffelten Karotten, mit Zitronensaft und Joghurt angemacht, schmeckt gut dazu und sieht schön aus.

Sind Dampfnudeln Teigwaren?

«Nein», protestiert Sabine, die angehende Hauswirtschaftslehrerin. «Dampfnudeln gehören zu den Hefegebäcken».
Und ich, weil ich nun einmal Lust habe, hier und jetzt über Dampfnudeln zu schreiben und – notabene – solche meinen Lieben zum Nachtessen vorzusetzen, halte Sabine das Kochbuch meiner Großmutter unter die Nase. Ein Kochbuch von 1884. Da sind die «Dampfnudeln» gleich hinter den Makkaroni und Nudeln im Teigwaren-Kapitel aufgeführt (und hintendran sind – ebenfalls im Teigwarenkapitel – die Strudelrezepte).
«Mit Dampfnudeln kann man Männerherzen erobern», behauptete unsere bayrische Köchin Monika. Ich wußte schon als ganz kleines Mädchen, daß unser Portier Anton Dampfnudeln über alles liebte. Eines weiß ich allerdings nicht: Weshalb Anton Monika nicht geheiratet hat, denn ihre Dampfnudeln waren ein Gedicht.
Weil der Teig arbeitsaufwendig ist, lohnt es sich, die angegebene Menge der Zutaten zu nehmen, die für ungefähr 30 Dampfnudeln reicht.
Hier ihr Rezept, das ich ganz genau aufschreibe. Deshalb ist es so lang geworden. Man soll es Schritt für Schritt nachmachen. Beim zweiten Mal merkt man schon, daß es gar nicht so kompliziert ist.
Und beim dritten Mal – ja – da serviert man es vielleicht zum Verlobungsessen …
Die Fotofolge auf der übernächsten Seite soll Ihren Versuch noch erleichtern. Auf dem Bild der fertig gegarten Dampfnudeln fehlt die Uhr. Sie hätte 18.05 Uhr gezeigt, aber als wir jenes Foto machen wollten, waren Pfanne und Teller schon leer gegessen.

Dampfnudeln

Vorteig:

40 g Hefe
1 dl lauwarmes Wasser
½ l lauwarme Milch
400 g Weißmehl (Typ 405)

Teig:

1 kg Weißmehl (Typ 405)
1 KL Salz
4 Eier
150—175 g Zucker
abgeriebene Schale einer halben Zitrone
½ Vanilleschote, aufgeschlitzt (die zweite Hälfte braucht man für die Vanillesauce)
175 g frische Butter, bei Zimmerwärme geschmolzen
Zum Ausrollen ca. 100 g Weißmehl

Nudelbad:

2 T Wasser oder Magermilch, lauwarm
1 EL Butter, bei Zimmerwärme geschmolzen

Vorteig:
Die Hefe im Wasser auflösen, aufschäumen lassen, in einer vorgewärmten Schüssel mit der Milch mischen, Mehl darübersieben.

Teig:
Mehl über den Brei sieben, Salz dazugeben.

Schüssel mit einem Tuch bedeckt an einem warmen, zugfreien Platz stehen lassen, bis sich im Mehl Risse zeigen. Die Eier mit dem Zucker in einer Schüssel im Wasserbad schaumig rühren, Zitronenschale, Vanillekerne und Butter beigeben. Rühren, bis die ganze Masse lauwarm geworden ist.
Nun arbeitet man mit einer Holzkelle abwechslungsweise Mehl und Eiermasse in den Vorteig, bis er Blasen wirft und sich von der Schüssel löst (ev. noch mehr Mehl beigeben). Es muß ein leichter, lockerer, geschmeidiger Teig entstehen. Den läßt man, wiederum mit einem Tuch zugedeckt, an einem warmen Ort um mindestens das Doppelte aufgehen (Dauer: bei Zimmerwärme ca. 1 Stunde, sonst länger).

Ausrollen:

Man knetet den Teig auf dem bemehlten Tisch gut durch, wiegt davon das Quantum ab, das man sofort weiterverarbeiten will. Man rechnet pro Person zwei Dampfnudeln à 60 g. Den Rest des Teiges kann man für drei Tage im Kühlschrank aufbewahren oder portionenweise tiefkühlen. Dann bleibt er drei Monate haltbar.
Man formt den Teig zu einer etwa 5 cm dicken Rolle, von der man ca. 60 g schwere Stücke mit dem Teigschaber absticht, nochmals durchknetet und zu runden Ballen formt. Man legt diese in großen Abständen auf ein Backblech, bedeckt sie mit einem Tuch und läßt sie wiederum um das Doppelte gehen.
Auch wenn es einem leid tut: es lohnt sich, sie nochmals durchzukneten, wiederum zu Kugeln zu formen, die man diesmal in eine gut gefettete, gußeiserne Form mit Deckel (1 EL Butter) setzt. Wiederum darauf achten, daß genügend Zwischenraum gelassen wird. In meiner 25 × 35 cm messenden Gußeisenform haben 16 Dampfnudeln Platz.
Den Backofen auf 200° vorheizen.
Das Nudelbad zwischen die Teigballen gießen. Deckel aufsetzen, 45 Min. backen, ohne den Deckel zu öffnen.
Nun werden bayrische Dampfnudelspezialisten protestieren und sagen, man müsse diese Speise auf und nicht im Herd zubereiten. Aber sobald das Gefäß eben größer als eine Kochplatte ist, ist die Backofenart sicherer.
Währenddem die Nudeln garen, bereiten wir noch eine Vanillesauce zu – aber bitte nicht aus dem Päckchen. Eine echte Vanillesauce ist beinahe gleichschnell zubereitet und schmeckt halt unvergleichlich viel besser:

Vanillesauce

½ l Milch
½ Vanilleschote
2 El Zucker
2 Eier
1 EL Speisestärke (Maizena)
1 Prise Salz

Milch, Vanille und Zucker aufkochen, beiseitestellen, 10 Minuten stehen lassen.
Das Eigelb mit der Speisestärke verrühren. Die Milch darüberschütten, nachdem man die Vanilleschote ausgekratzt und entfernt hat. Alles gut mit dem Schneebesen schlagen. Einmal aufkochen, vom Feuer nehmen.
Die Eiweiß mit dem Salz zu steifem Schnee schlagen, unter die heiße Milch ziehen. Heiß zu den Dampfnudeln servieren.

Gurken, Zucchini (Zucchetti)

Gurken

Es gibt einen Duft, der für mich wie kein anderer mit der Vorstellung Frühling verbunden ist: Gurkensalat. Wenn Mutter für den Sonntag, natürlich für den Sonntag, die erste Salatgurke gekauft hatte, wußte ichs, irgendwann im März, so kurz vor Ostern, dann duftete es morgens schon nach Gurkensalat. Und es war zugleich ein Signal eben für Frühling und für Sonntag.
Ich glaube, meine Mutter hat Gurken ebenso gern gegessen wie ich. Gurkensalat. Angemacht mit Sahne und mit einem Hauch Senf, Salz, Pfeffer und gehobelt in ganz, ganz feine Scheiben. Im Sommer kam noch ein wenig frisches Dillgrün darüber.
Irgendwann gab es dann keinen Gurkensalat mehr. Mutter hat ihn nicht mehr vertragen, wie sie sagte. Natürlich hat sie dann und wann für mich noch welchen gemacht, weil ich ihn doch so gern esse, aber das war eben nicht mehr dasselbe.
Und dann eines Tages gab es wieder Gurkensalat, wie früher: Mutter hatte von einer Freundin einen speziellen Trick erfahren. Beim Kartoffelkochen drehte sie den Deckel des Kochtopfs um, stellte die Schüssel mit den fein gescheibelten Gurken obendrauf, deckte das Ganze zu und nahm es nach einer Viertelstunde wieder herunter. Jetzt wurde der Gurkensalat angemacht, er war noch ein bißchen warm meistens und schmeckte für mich unverändert. Mutter aber schwor, jetzt mache ihr der Gurkensalat nichts mehr aus. Keine Rülpserle und so.
Mutter hatte Gurken in ihrem Garten, Gugumere wie sie sie nannte. Zwei Sorten hat sie gezogen. Salatgurken und kleine Gurken zum Einmachen, süßsauer, zum Wurstbrot im Winter: fein!
Mutter hat die kleinen Gurkenpflanzen beim Gärtner gekauft und nach den Eisheiligen in ihren Garten gesetzt. Der Gärtner hat sie im April unter Glas ausgesät. Der Boden mußte schon recht warm sein, damit sie gepflanzt werden konnten, denn die Gurken sind sehr wärmeliebend. Und darum ist auch ihr Anbau im Gewächshaus dem Anbau im Freiland vorzuziehen, was die niederländischen Gemüsebauern ja hervorragend wissen. 25 Grad sollte die Temperatur im Treibhaus mindestens haben und eine gehörige Luftfeuchtigkeit sollte so eine Art Waschküchenatmosphäre schaffen. Dann ist das Ergebnis entsprechend groß.
Mutter hatte natürlich kein Gewächshaus, und in feuchten Jahren wurden ihre Gurken halt nichts. Mutter trug's mit der Gelassenheit der Bauern, die um die Hinfälligkeit menschlichen Tuns wissen. Aber wenn der Sommer schön warm war, dann hatten wir diese wunderbaren Gemüsegurken, die ich noch allemal den Schlangengurken aus Holland vorziehe. Auch wenn es im Frühjahr und im

Winter keine Alternative gibt, aber im Juli und August und auch im September hat mein Gemüsehändler immer neben den Einheitsgurken eine Kiste mit Bauerngurken stehen. Kurz, dickbäuchig und dort, wo sie auf der Erde gelegen waren, mit weißer Haut. Sie enthalten viele Kerne, müssen ausgehöhlt werden. Man kann sie mit Hackfleisch füllen, was sehr fein schmeckt, man kann sie aber genauso gut hauchdünn hobeln, das gibt dann halbmondförmige Scheibchen. Sie schmecken kräftiger als die Schlangengurken. Leider können sie aber auch bitter sein. Die Gurke schützt sich nämlich gegen das Angeknabbertwerden durch Feldmäuse und ähnliches Getier, indem sie in den Spitzen ihrer Früchte, die übrigens botanisch genau betrachtet Beeren sind, Bitterstoffe entwickelt. Und so eine bittere Gurke kann einen ganzen Salat verderben. Also hat meine Mutter mir rechtzeitig beigebracht, bevor ich so eine Bauerngurke verarbeite, die Spitze bzw. vor allem das erste Stück vor dem Stengelansatz abzuschneiden und zu probieren. Das erspart einem meist unnötige Arbeit und Ärger noch dazu mit einem verdorbenen Salat.
Aber kehren wir noch einmal zum Anbau von Gurken zurück. Daß sie sehr anspruchsvoll sind an ihren Standort, haben wir schon angedeutet. Sie wollen einen sehr nährstoffreichen Boden und zwar bis zu einer Tiefe von einem halben Meter. Reife Komposterde, verrotteter Stallmist können diese Vorbedingung schaffen. Der Boden muß locker sein. Sie wollen ständig feucht haben, aber das Wasser darf keinesfalls stehen. Man darf sie niemals mit leitungskaltem Wasser gießen. Das Wasser sollte die Temperatur der Außenatmosphäre haben. Sie lieben den Mischanbau mit Fenchel, Knoblauch, Kohl, Salat, Sellerie, Stangenbohnen oder Zwiebeln, was sie als Nachbarn nicht lieben sind Tomaten, Radieschen und Rettich.
Haben die Gurkenpflanzen eine gewisse Größe erreicht, dann sollte man ihre Triebspitzen abbrechen, damit die Kraft in den Fruchtansatz der Seitentriebe geht. Je früher man Gurken erntet, desto geringer ist die Gefahr, daß sie bitter sind.
Gurken lassen sich bei einer Temperatur von 10 bis 12 Grad ohne Qualitätsverlust ein bis zwei Wochen lagern.
Im Alten Testament, im Buch Numeri, wird von den Israeliten erzählt, die Moses aus Ägypten herausgeführt hat und die nun eine Generation lang durch den Sinai zogen, denn keiner von denen, die aus Ägypten kamen, sollte das gelobte Land Kanaan sehen. Wahrscheinlich waren die ägyptischen Israeliten in dem Hochkulturland Ägypten so verwöhnt worden, daß sie untauglich waren für die kriegerische Landnahme im verheißenen Palästina. Und eben dieser Abschnitt im Buch Numeri erzählt dann: «... da fingen die Israeliten wieder zu klagen an und sprachen, wer wird uns Fleisch zu essen geben, wir denken an die Fische, die wir in Ägypten umsonst zu essen bekamen und an die Gurken (!), die Melonen, den Lauch, die Zwiebeln und den Knoblauch.»
1200 Jahre vor Christus war das. Und damals aß man offenbar in Ägypten Gurken. Aus Indien waren sie herübergewandert, durch den ganzen fruchtbaren Halbmond. Und sie verbreiteten sich weiter über das ganze Mittelmeergebiet.
Die Römer haben Salat daraus gemacht, aber auch ein offenbar sehr feines Gemüse mit vielen Gewürzen und Eiern, mit Honig und Weinessig und «Liquamen». Wissen Sie, was Liquamen ist? Nein? So ganz sicher ist es nicht. Aber wann immer man Rezepte aus der Römerzeit liest, immer kommt dieses Liquamen drin vor. Es muß so eine Art römische Worcestersauce gewesen sein, hergestellt aus verdorbenen Fischen.

Bei Karl dem Großen tauchen die Gurken zum ersten Mal als Cucumeres in einem Verzeichnis auf. Gurkensamen wurden von den Archäologen fast ausschließlich in Osteuropa und Ostdeutschland gefunden, und man ist tatsächlich geneigt, die Gurke als ein typisches slawisches Fruchtgemüse anzusehen. Dies gilt auch von den Wenden in der Lausitz, die die schönsten Gurken für die Versorgung des Berliner Marktes zogen und wohl auch heute noch ziehen.

Während meine Mutter die Gurken süßsauer gekocht und dann sterilisiert hat, werden sie im Osten in Salz eingelegt. Meerrettichstückchen kommen dazu, Pfefferkörner, Senf und Dill. Sie werden durch Milchsäuregärung wie Sauerkraut konserviert und schmecken entsprechend sauer, weil durch die Gärung der Zucker der Gurken sich in Milchsäure verwandelt.
Diese sauren Gurken spielten in den heißen Sommermonaten in der Ernährung vor allem bei der einfacheren Bevölkerung eine hervorragende Rolle. Daraus hat sich der Begriff «Saure Gurkenzeit» für die ereignislosen Monate Juli und August entwickelt.
Also die Gurke oder Salatgurke, lateinisch Cucumis sativus, englisch cucumber, französisch Concombre, liegt nach Tomaten, Kohlgewächsen und Zwiebeln an vierter Stelle der meistangebauten Gemüsearten der Welt. Der größte Erzeuger ist China, gefolgt von den Ländern der ehemaligen UdSSR, Japan, der Türkei, den USA, Rumänien und den Niederlanden. Außerdem in Europa Griechenland, Spanien, Italien, Frankreich, Belgien und Deutschland.
Die alte Bundesrepublik hat im Jahr 1987 aus EG-Ländern 265 000 Tonnen Salatgurken importiert. Davon allein aus den Niederlanden 205 000 Tonnen.
Ein überaus interessantes Phänomen bei den Gurken ist, daß sie sowohl weibliche Blüten haben können, vorwiegend weibliche Blüten und gemischte männliche und weibliche Blüten. Das Wissen um die Blüten der jeweiligen Gurkensorte ist natürlich für den Gärtner wichtig, denn nur wenn die weiblichen Blüten auch bestäubt werden, bringen sie auch Früchte, sprich Gurken – denkt man.
Nun gibt es bei den Gurken und die werden von den Gurkenbauern bevorzugt, rein weiblich blühende, sogenannte parthenokarpe Sorten. Parthenos, das ist die Jungfrau. Und die weiblichen Blüten dieser Sorte brauchen keine Bestäubung, entwickeln dennoch Gurken, die aber keine Samen enthalten, was hinwiederum dem Konsument ja nur recht ist. Natürlich können diese Blüten trotzdem bestäubt werden und Samen entwickeln, denn wie ließen sie sich sonst aussäen.
Die Gurkenpflanze ist ein einjähriges, sehr frostempfindliches Gewächs. Ihre Triebe kriechen am Boden oder klettern an Draht oder Gerüsten. Die Salatgurken werden 40 cm lang und ca. 10 cm dick. Die heute angebauten Sorten sind alle bitterstofffrei.
Der Ernährungswert der Gurken ist ganz, ganz hoch. Einerseits enthalten sie 96 bis 97 % Wasser, haben damit 8 kcal auf 100 g Fruchtfleisch, was von keinem anderen Gemüse unterboten wird, noch nicht einmal von den Spargeln. Trotzdem haben sie einen sehr hohen Gehalt an Mineralstoffen, u. a. Kalium, Kalzium, Phosphor, Eisen, sie enthalten Kohlenhydrate und Eiweiß, die Vitamine B 1 und C, sowie das Provitamin A.
Sie sind harnsäurelösend und wassertreibend und sie enthalten ein Ferment, das nun tatsächlich (im Gegensatz zum Topinambur) dem Insulin, dem Wirkstoff gegen die Zuckerkrankheit, verwandt ist. Insofern hat die Gurke einen ganz hohen diätetischen Wert. Schließlich ist im Gurkensaft ein Wirkstoff, durch den die Durchblutung der Haut gefördert wird, was die Verwendung der Gurke in

der Kosmetik bedingt. Gurkensaft wirkt auf die Haut erfrischend, zusammenziehend und bleichend, was für Menschen mit Sommersprossen höchst interessant ist.
Vielfältig sind die Verwendungsmöglichkeiten der Gurke, sowohl roh: als Scheiben aufs Butterbrot, als Salat, mit und ohne Tomaten und Zwiebeln, als auch geschmort mit Fleischfüllung, als Gemüse mit Tomaten, als Ratatouille, überbacken, als Suppe oder Gurkenkaltschale.

Zucchini (Zucchetti)

Gekocht hat meine Mutter Zucchini noch, aber im Garten angepflanzt hat sie sie nicht mehr. Meine Mutter starb 1964, und dies dürfte auch in etwa der Zeitpunkt gewesen sein, zu dem unsere Kleingärtner die Zucchini als überaus fruchtbare Gemüsepflanze entdeckt haben. Das hat dazu geführt, daß viele Kleingärtner heutzutage gar nicht mehr wissen, wohin mit dem Segen. Vor allem weil mit der Größe der Produktion keinesfalls die Verwendungsmöglichkeiten zunahmen. Italienische Gastarbeiter haben die Zucchini oder Zucchetti, wie sie sagen, von daheim mitgebracht. Deutsche Hausfrauen haben die Zucchini geschnitzelt und mit Tomaten, Paprika, Zwiebeln zu einem sommerlichen Mischgemüse verarbeitet. Und so hat es auch meine Mutter gemacht und so hat es meine Tante Rosa gemacht, die jüngste Schwester meiner Mutter, die mit einem Fernmeldetechniker verheiratet war, der in den oberitalienischen Städten Telefonämter baute.
Eines Tages war ich bei meinem Freund Bubi und seiner Frau Jeanette zum Essen eingeladen. Jeanette brachte in einer gußeisernen Pfanne ein wunderbares Gemüsegericht: hauchdünne grüne Gemüsescheiben, mit duftendem Käse vermischt und zu einer braunen Kruste angebraten.
«Jeanette, was ist das Herrliche, was du da gezaubert hast?»
«Zucchini.»
«Aber wie, aber wie hast du das gemacht?»
«Ich habe eine dicke Zucchini geschält, halbiert, die Kerne entfernt und ganz dünn gehobelt. Dann habe ich Schweineschmalz in dieser Eisenpfanne schmelzen lassen und die Zucchini mit sehr viel Salz dazugegeben. Die Zucchini fallen zusammen. Darum brauchst du entweder eine sehr große Zucchini oder mehrere. Sie ziehen Saft. Wenn er verdampft ist, gib viel Parmesankäse darunter. Und jetzt kommt es darauf an. Du mußt die Zucchini braten lassen bis an den Punkt unmittelbar vor dem Anbrennen. Dann sind sie richtig. Weißbrot dazu und Rotwein. Am besten Barbera.»
Und das war der Beginn einer Entdeckung. Kathrin, der ich etwas später zum ersten Mal begegnete, wußte viele weitere Zucchini-Rezepte, eines besser als das andere. Und dann passierte mir dies: Ich stand in einem Lebensmittelgeschäft und wollte einkaufen. Da kam eine Dame auf mich zu und sagte: «Oh, Herr Feißt, Sie machen doch die Sendung ‹Was die Großmutter noch wußte› zusammen mit Kathrin Rüegg. Sie wissen doch ganz bestimmt, was man mit Zucchini machen kann. Sie sind gegenwärtig so billig.»
Ich hab mit Kathrin darüber geredet. Wir haben im Sommer 1993 eine Zucchini-Sendung produziert, hatten eine Menge Zuschauer und mußten fast 40 000 Rezeptblätter verschicken. Also ging es anderen Zuschauern genauso wie der Dame, die mich beim Einkaufen angesprochen hatte. Und das Ganze hat sich wiederholt, als wir im Sommer 1994 die Sendung noch einmal ausgestrahlt haben.

Zucchini sind eigentlich Kürbisse. Im Italienischen heißt Kürbis Zucca und die Endungen «ini» oder «etti» sind nichts anderes als sogenannte Diminutive, d.h. Verkleinerungssilben. Wie bei uns «le» und «lein», also Zucchini = Kürbisle. Sie heißen auch Gemüsekürbis, Gurkenkürbis, Courgette, die Franzosen sagen nämlich so und die Engländer auch. Lateinisch heißen sie curcurbita pepo var. giromontiina.

Daß sie mit dem Kürbis verwandt sind, sieht man deutlich an den gelben Blüten, die sich von den Blüten des Kürbis nicht unterscheiden lassen. Diese Blüten kann man füllen, z.B. mit Hackfleisch, und dann sind sie eine Delikatesse.

Die Zucchini stammen wie die meisten Kürbissorten aus den Ländern am Golf von Mexiko. Sie sind Abkömmlinge eines Riesenkürbis, der dort daheim ist. Hauptanbaugebiete sind Italien, Frankreich, Spanien, Israel. Aber seit den 70er Jahren beginnt zunehmend der deutsche Anbau an Bedeutung zuzunehmen.

Zucchini kann man das ganze Jahr über kaufen. Die meiste Zeit, nämlich von Februar bis Juli und von September bis Dezember, kommen sie aus Italien, von Januar bis Mai und von November bis Dezember aus Spanien, von Mai bis Oktober aus Frankreich, von Mai bis September aus den Niederlanden, im April, Mai, Juli und dann wieder im November kommen sie aus der Türkei.

Sie werden halbreif geerntet, vor allem weil der Handel Zucchini mit einer Größe von 15 bis 20 cm bevorzugt. Die Riesenzucchini aus unseren Kleingärten sind höchstens auf dem Bauernmarkt absetzbar. Die Früchte auf dem Markt sollen darüber hinaus höchstens leicht gebogen sein, nach Möglichkeit aber gerade gewachsen, mit Stiel, frisch, fest, gesund, ohne Makel. Sie halten im Gemüsefach des Kühlschranks bei 7 bis 10 Grad C zwei bis drei Wochen. Ist die Temperatur niederiger, werden sie weich und verderben. Sie sind empfindlich gegen Äthylen, deshalb nie mit Obst zusammen aufbewahren.

Zucchini enthalten Kohlenhydrate, Eiweiß, Kalzium, Phosphor, Eisen, Provitamin A und Vitamin C. Mit 25 kcal haben sie verhältnismäßig wenig Brennwert, sie sind leicht verdaulich und bekömmlich.

Man kann junge Zucchini roh zu Salat verarbeiten, vor allem die größeren Zucchini kann man kochen, schmoren, dünsten, mit Kräutern und Gewürzen in Olivenöl braten oder schwimmend im Fett ausbacken.

Im Hausgarten wollen die Zucchini einen sonnigen, windgeschützten Platz, der möglichst nährstoffreich ist. Wie Kürbisse gedeihen Zucchini hervorragend am Südrand eines Komposthaufens.

Ab April kann man die Zucchini-Pflänzchen auf der Fensterbank aus Samen aufziehen oder bei warmem Wetter ab Mitte Mai ins Freiland säen, z.B. auf den Komposthaufen. Zu diesem Zeitpunkt kann man aber auch die auf der Fensterbank vorgezogenen Pflänzchen ins Freiland setzen. Wachsen sie auf dem Komposthaufen, brauchen sie keine weitere Düngung. Nur gießen muß man sie bei trockenem Wetter gehörig. Auch das ist beachtenswert: Je mehr Zucchini man möglichst klein erntet, desto mehr Früchte setzt die Pflanze an.

Gurken

Gefüllte Gurken, Rezept S. 78

Gedämpfte Gurke mit Rauchlachs, Rezept S. 78

Gefüllte Gurken (eignet sich auch für Zucchetti)

Gekaufte Gurken soll man schälen (Spritzmittel!). Gurken können – besonders am Stielende – bitter schmecken. Man schneidet ein Stückchen ab und kostet es. Evtl. wegschneiden.

1. 3–4 Gurken, der Länge nach halbiert, die Kerne mit einem Löffel ausgekratzt, mit wenig Salz bestreut
2. 3 Brötchen, in kleine Würfel geschnitten
100 ml Milch, evtl. etwas mehr, wenn die Brötchen schon altbacken sind
3. 1 EL Butter
½ Zwiebel, gehackt
1 Lauchstengel, in feine Streifen geschnitten
1 EL frischen oder
1 TL getrockneten Majoran, fein gehackt
4. 50 g Schinken, gekocht, in feine Streifen geschnitten
1–2 Eier, verklopft
3–5 EL Joghurt oder Rahm
Salz, Pfeffer, Muskat
5. 300 ml Hühnerbrühe
1 EL Butter

Die Brötchen (2.) mit der kochenden Milch übergießen. Zugedeckt stehen lassen. Mit einer Gabel zerdrücken.
Die Butter (3.) schmelzen. Die Brötchenmasse und die übrigen Zutaten von 3. beigeben, dämpfen, etwas auskühlen lassen.
Die Zutaten von 4. beigeben, würzen.
Die Füllung auf die Gurkenhälften mit flachem Boden geben, glattstreichen, die zweiten Hälften darauflegen, die Gurken zusammenbinden oder mit zwei bis drei Zahnstochern zusammenheften. In eine bebutterte Auflaufform geben, die Brühe (5.) dazugießen, mit den Butterstückchen belegen. Im auf 180° C vorgeheizten Backofen 1 Std. dämpfen.
Zum Servieren Hölzchen oder Schnur entfernen. Polenta paßt am besten dazu.

(Bild S. 77)

Gedämpfte Gurke mit Rauchlachs (schwedische Art)

Gekaufte Gurken soll man schälen (Spritzmittel!).

1. 3 EL Weißwein
1 EL Zitronensaft
2 EL Sonnenblumenöl
2. 2–3 Gurken, längs halbiert und in 5 cm lange Stücke geschnitten
Salatblätter
3. 100 g Rauchlachs, in Streifen geschnitten
1 Ei, hart gekocht
1 EL Petersilie oder Dill, fein gehackt
4. 100 ml Rahm
1 TL Meerrettich, geschält, fein gerieben
Salz

Die Zutaten von 1. erhitzen, die Gurkenstücke darin 2–3 Min. dämpfen, im Saft auskühlen lassen, abtropfen. Nebeneinandergereiht auf schöne Salatblätter legen, den Rauchlachs darauf geben, mit den übrigen Zutaten von 3. überstreuen.
Den Rahm steifschlagen, den Meerrettich beigeben, salzen. Damit die Gurkenstücke garnieren.
Mit Stangenweißbrot oder Toast und Butter als Vorspeise servieren. (Bild S. 77)

Zucchetti-Konfitüre

1. 1 kg *Zucchetti, mit der Schale auf der Röstiraffel gerieben*
5 EL *Zitronensaft*
3 TL *Ingwerpulver oder*
1 – 2 *daumengroße Stücke frischen Ingwer, geschält, gerieben*
abgeriebene Schale einer Zitrone
1 TL *Zitronensäure*
2. 1 kg *Gelierzucker oder 1 kg Zucker und 1 Geliermittel ohne Zitronensäure*

Die Zutaten von 1. gut miteinander vermengt 20 Min. köcheln. Die Zutaten von 2. darunterrühren, 4 – 6 Min. sprudelnd kochen. Heiß in mit heißem Wasser ausgespülte Marmeladengläser abfüllen. Sofort verschließen. Auf den Kopf gestellt auskühlen lassen.

Zucchetti-Ragout mit Pilzen

1. 1 EL *Olivenöl*
1 *Zwiebel, grob gehackt*
1 *Knoblauchzehe, gepreßt*
500 g *Zucchetti, in 1 cm große Würfel geschnitten*
5 *Tomaten, in Schnitze geschnitten*
2. 400 g *Champignons, blättrig geschnitten*
3. ⅛ l *herben Weißwein*
Salz, Pfeffer
1 *Zweig frische Oreganoblätter, fein geschnitten, oder*
1 TL *getrockneten Oregano*
200 ml *Rahm*

Das Öl heiß werden lassen, Zwiebel und Knoblauch darin andämpfen. Zucchetti beigeben, 5 Min. dämpfen, dann die Tomaten beigeben, weiter köcheln, bis die Flüssigkeit fast verdampft ist. Pilze von 2. beigeben, 10 Min. mitschmoren lassen. Die Zutaten von 3. beigeben, alles nochmals gut erhitzen. Mit Trockenreis oder Stangenweißbrot servieren. (Bild S. 57)

Zucchetti-Blüten-Küchlein

1. 150 g *Mehl, gesiebt*
200 ml *Bier oder Mineralwasser*
1 EL *Sonnenblumenöl*
1 TL *Salz*
2. 1 *Eiweiß, steifgeschlagen*
3. 1 l *Fritieröl*
4.
10 – 15 *Zucchetti-Blüten, der Länge nach aufgeschnitten, so daß sie am Stiel noch zusammenhängen*
5.
3 – 4 EL *Puderzucker*

Die Zutaten von 1. miteinander gut vermengen. Das Eiweiß von 2. darunterziehen. Das Fritieröl auf 180° C erhitzen. Die Blüten in den Ausbackteig tauchen. Portionenweise sofort ins Öl geben und goldgelb ausbacken. Auf einem Küchenpapier entfetten. Mit Puderzucker bestreut servieren.

Zucchetti «Froda»

Dieses Rezept eignet sich besonders gut für große Zucchetti. Solange die Kerne noch weich sind, kann man sie mitsamt diesen verwenden. Die (hart gewordene) Haut muß man dann aber abschälen.

1. 2 EL *eingesottene Butter (Butterfett)*
1 kg *Zucchettischeiben oder -ringe, 1 cm dick geschnitten*
2. 3 EL *frische Rosmarinnadeln*
Salz
200 ml *Rahm*

Zucchetti-Kuchen, Rezept S. 82

Die Butter in 2 – 3 Bratpfannen schmelzen (evtl. portionenweise arbeiten), die Zucchettischeiben so in die Pfanne legen, daß jede den Boden berührt. Ca. 10 Min. auf jeder Seite auf kleinem Feuer braten. Die Ränder sollen ganz leicht braun werden. Alles Gemüse in eine Pfanne geben, Rosmarin darüberstreuen, salzen, Rahm beigeben. Zugedeckt ca. 5 Min. durchdünsten.
Zu Teigwaren, Salz- oder Bratkartoffeln servieren. (Bild S. 81)

Zucchetti-Schiffchen

1. 2 EL Mehl
100 ml Milch
1 Ei, verklopft
50 g Schinken, gekocht, gehackt
20 g Parmesan-Käse, gerieben
½ Glas Joghurt
Salz, Muskat
2. 2 mittelgroße Zucchetti, der Länge nach aufgeschnitten
1 TL Salz
3. 3 EL Butter
200 ml Hühnerbouillon

Das Mehl mit der Milch verrühren, aufkochen, vom Feuer nehmen, etwas abkühlen lassen, die restlichen Zutaten von 1. dazurühren.
Die Zucchetti mit einem Kaffeelöffel auskratzen. Sofern die Kerne noch weich sind, diese fein hacken, zur Füllung geben.
Die Schiffchen, mit Salz bestreut, in eine bebutterte Auflaufform legen, aufgeschnittene Seite nach oben. Die Füllung darauf verteilen, glattstreichen, mit Butterflöckchen bestreuen, die Bouillon dazugießen.
Im auf 180° C vorgeheizten Ofen 30 – 40 Min. überbacken.
Polenta oder in der Schale gekochte Kartoffeln dazu servieren. (Bild S. 81)

Zucchetti «Froda», Rezept S. 79/80

▲ Zucchetti-Schiffchen, Rezept S. 80 ▼ Zucchetti-Ragout, Rezept S. 79

Zucchetti-Kuchen

1. 6 *Eigelb*
150 ml *Sonnenblumenöl*
200 – 250 g *Zucker (am besten braunen Zucker!)*
2. 100 g *Orangeat und Zitronat, fein gewürfelt*
ausgekratzte Kerne einer Vanilleschote oder
1 EL *Vanillezucker*
2 EL *weißen Rum*
1 gestr. TL *Zimt*
1 Msp. *Kardamom*
1 Msp. *Nelkenpulver*
½ TL *Salz*
500 g *Zucchetti, mit der Schale, auf der Röstiraffel gerieben*
3. 300 g *Weißmehl*
1 gestr. EL *Backpulver*
1 gestr. EL *Natron*
4. 6 *Eiweiß, steif geschlagen*

Die Zutaten von 1. miteinander schaumig rühren.
Die Zutaten von 2. der Reihe nach daruntermengen.
Die Zutaten von 3. darübersieben und daruntermengen.
Zuletzt den Eischnee (4.) sorgfältig unterheben und sofort in einer ausgebutterten, mit Paniermehl bestreuten Springform, ∅ 24 cm, im auf 180° C vorgeheizten Backofen 70 Min. backen. Ofentüre nicht öffnen!! (Bild S. 80)

Gedeckter Zucchetti-Kuchen süß

1. Teig
150 g *Butter, geschmolzen (aber nicht warm!)*
½ TL *Salz*
100 – 150 g *Zucker*
abgeriebene Schale einer Zitrone
1 – 2 *Eier*
1 Msp. *Zimt*
2. 250 g *Weißmehl*
1 Msp. *Backpulver*

3. Füllung
2 EL *Butter*
6 EL *Grieß*
150 g *Zucker*
1 kg *Zucchetti, auf der Röstiraffel gerieben*

Die Zutaten von 1. der Reihe nach miteinander vermengen. Die Zutaten von 2. darübersieben, alles zu einem glatten Teig kneten, kühl stellen.
Die Butter von 3. heiß werden lassen, das Grieß darin hellgelb rösten, die restlichen Zutaten darunterziehen, 5 Min. durchdämpfen.
Den Teig teilen. Zu zwei runden Fladen auswallen. Einen Teil in eine bebutterte Springform geben, am Rand hochziehen. Mit einer Gabel einstechen.
Die Zucchettifüllung daraufgeben, mit dem zweiten Teigblatt zudecken, mit einer Gabel Muster einstechen.
Im auf 180° C vorgeheizten Ofen 30 – 40 Min. backen.

Zucchetti-Crèmesuppe

1. 2 EL Butter
1 kg Zucchetti, in Rädchen geschnitten, evtl. geschält
250 ml Milch
Salz, Pfeffer
2. 4 EL Sauerrahm
2 EL Petersilie, fein gehackt

Die Butter zergehen lassen, die Zucchetti darin ca. 20 Minuten dämpfen, mit der Milch ablöschen, würzen. Nochmals 5 Minuten köcheln lassen. Durch ein Sieb streichen oder mit dem Mixstab pürieren. In vier vorgewärmte Suppenteller anrichten, je 1 EL Sauerrahm darauf geben, mit der Petersilie bestreuen.

Marinierte Zucchetti

1. 4 EL Olivenöl
600 g kleine Zucchetti, in 1 cm dicke Rädchen geschnitten
2. 2 Knoblauchzehen, gepreßt
4 EL Olivenöl
1/2 TL Salz
2 EL Basilikum, in feine Streifen geschnitten
3. 6 EL Weißweinessig

Das Olivenöl von 1. in einer Bratpfanne erhitzen. Portionenweise die Zucchettirädchen darin auf beiden Seiten goldbraun braten.
Die Zutaten von 2. miteinander verrühren. Über die Zucchettischeiben träufeln.
Den Essig aufkochen, zuletzt darübergeben. Über Nacht kühlgestellt ziehen lassen.
Falls das Gericht zu sauer schmeckt (das kommt auf die Essigqualität an), vor dem Servieren noch etwas Öl daruntermengen. Mit Scheiben von Stangenweißbrot als Vorspeise servieren.

Zucchettisalat

1. 2 Scheiben Weißbrot ohne Rinde
2. 600 g kleine Zucchetti, fein gehobelt
3. 3 EL Olivenöl
2 EL Weißweinessig
1 Knoblauchzehe, gepreßt
1/2 TL Salz, Pfeffer
2 EL Haselnüsse, grob gehackt
4. 2 EL Pfefferminzblätter, in feine Streifen geschnitten

Das Weißbrot in Wasser 10 Minuten einweichen, mit der Gabel zerdrücken. Mit den Zutaten von 3. zu einer sämigen Sauce verrühren. Die vorbereiteten Zucchetti in eine Schüssel geben, mit der Sauce übergießen, gut vermengen, mit den Pfefferminzblättern bestreut servieren.
Das gleiche Rezept läßt sich auch mit Gurken verwenden. Anstelle von Haselnüssen zur Abwechslung Mandeln nehmen, anstelle von Pfefferminze Borretsch oder Estragon oder Zitronenmelisse.

Großmutters Küche zwischen Elsaß und Engadin
Was die Großmutter noch wußte **Bd. 7**

Elsaß

Von Werner O. Feißt

Es ist meist ein bis zwei Wochen vor einem großen Fest, Weihnachten etwa oder Ostern, einem Familienfest, Geburtstag beispielsweise, da sagt meine Frau beiläufig beim Frühstück: «Wir brauchen Wein». Und das ist eine Aufforderung für mich, am darauffolgenden Samstag mein Auto mit Leergut voll zu laden und zu unserem Weinhändler ins Elsaß zu fahren. Wir kaufen seit langer Zeit den Wein bei ein und demselben Weinhändler in Sesenheim – ja genau – in jenem Sesenheim, in dem der Herr Goethe das Pfarrerstöchterlein poussierte.

Ich erinnere mich daran, wie die Anzahl der Weinflaschen, die ich nach Deutschland einführen konnte, noch beschränkt war, wie dann die Anzahl frei wurde, ich aber mit der Rechnung des Weinhändlers am Zoll tätig werden mußte und wie dann eines Tages der Zoll wegfiel, Europäische Wirtschaftsgemeinschaft zunächst und dann Europäische Union. Heute steht zwar noch das Zollhäuschen, aber es ist im Zerfall begriffen, die ersten Scheiben sind schon zerbrochen.

Wenn man bedenkt, daß sich an der Grenze am Rhein einmal Deutsche und Franzosen als Todfeinde gegenüberstanden, wer hätte jemals von dem heutigen Zustand träumen können.

Mit solchen Gedanken fahre ich über die Staustufe des Rheines ins Elsaß. Hinter dem zerfallenden Zollhäuschen steht ein weiteres kleines Häuschen. Es ist eine Wechselstube, Filiale einer Bank. Indem sich meine D-Mark in Francs

Bilderbuchdorf im Elsaß: Urlaubsstimmung pur.

verwandeln, verdreifacht sich die Zahl. Irgendwann wird es in der EU ECUs geben, und auch die Wechselei, letzte Erinnerung an die Grenze, wird verschwinden.
Ich nehme mein Geld und fahre weiter, und ich habe plötzlich das Gefühl von Urlaub. Liegt es an der französischen Straße? Liegt es an den Straßenschildern? Ich weiß es nicht. Jedenfalls bin ich in der Fremde, ich bin in Frankreich, ich habe das Gefühl von Urlaub.
Von mir daheim bis hierher bin ich wenig mehr als 20 Minuten unterwegs. An der Entfernung kann es also nicht liegen.
Dieser Eindruck von Frankreich und von Urlaub und von Urlaub in Frankreich, der wird sich noch vermehren, wenn ich nach dem Weineinkauf eine Elsässer Fleischpastete kaufe und eine Baguette, ein französisches Weißbrot, das so unnachahmlich duftet und schmeckt, und auf alle Fälle noch einen Münsterkäse. Dann brauche ich, es ist ja immerhin schon gegen 11 Uhr morgens, unbedingt eine Tasse Kaffee, bitteren französischen Kaffee mit viel Milch, und ein Croissant zum Tunken. Da sitze ich dann in Beinheim, trinke meinen Kaffee und esse mein Croissant und träume mich in den Midi, nach Avignon, unter die Platanen des kleinen Platzes in der Stadtmitte, nach Arles, ans römische Amphitheater oder nach Cannes an den Fischerhafen, wo die alten Männer Boule spielen, oder nach Paris in ein Café im Quartier latin.
Ja, es ist nicht zu leugnen, Elsaß ist unverwechselbar französisch. In solchen Details wie im Ganzen. Und ist doch eigentlich «das Land dazwischen.»
Das Land zwischen den Mühlsteinen Deutschland und Frankreich, und dabei hatte alles ganz friedlich begonnen. Die Enkel Karls des Großen teilten sein großes Reich unter sich auf. Ludwig der Deutsche und Karl der Kahle, Lothar war noch dabei. Er bekam das Mittelreich, Lothringen, natürlich, es trägt ja seinen Namen, und Burgund und die Provence, Belgien und die Niederlande. Das Erbe Ludwig des Deutschen war der Anfang von Deutschland, so wie Karl der Kahle aus seinem Westreich Frankreich erstehen ließ. Als Ludwig und Karl in Straßburg den Vertrag mit einem Eid besiegelten, taten sie es jeweils in der Sprache des anderen. Karl in mittelhochdeutsch, Ludwig in altfranzösisch. Die Weichen für alles Weitere waren gestellt. Das Elsaß aber gehörte ganz selbstverständlich zum Ostreich, war seit dem 6. Jahrhundert wohl schon ein Teil des Herzogtums Alemannien. Dann kam das Elsaß zum Herzogtum Schwaben, und mit den Staufern begann seine große Zeit. Hildegard von Egisheim wurde zur Stammutter der Stauferkaiser. Sie war die Großmutter Kaisers Friedrich I., genannt Barbarossa. (Ihr Gesicht ist auf wundersame Art auf uns gekommen. Sie ist wahrscheinlich an der Pest gestorben, und man hat ihren Leichnam aus Hygienegründen mit ungelöschtem Kalk bedeckt. In diesem aber blieb sozusagen ein Negativabdruck ihres Kopfes und ihres Gesichtes. Als man ihre Gruft Ende des 19. Jahrhunderts öffnete, kam diese Hohlform ans Tageslicht. Man hat sie mit Gips ausgegossen und erhielt so eine Portraitbüste einzigartiger Authentizität. Man kann diese Büste in Schlettstadt in der Kirche der heiligen Fides sehen.)
Mit dem Ende der Staufer begannen auch die Schwierigkeiten im Elsaß. An die Stelle einer straffen Verwaltung trat eine Fülle von kleinen, sich gegenseitig bekämpfenden Herrschaften. Die ganze Schwäche des deutschen Kaisertums wirkte sich aus.
Bald begannen sich einzelne nach Westen zu orientieren, dem starken Frankreich zu, das seinerseits einen Drang nach Osten verspürte. Dieser Prozeß zog sich über Jahrhunderte hin, und

1648, mit dem Westfälischen Frieden, hatte Frankreich sein Ziel erreicht: der Rhein als Ostgrenze, das Elsaß wurde Frankreich zugeschlagen.
Es ging dem Elsaß nicht schlecht unter französischer Herrschaft, weder unter den Königen noch während der Revolution noch nach der Revolution, im Kaiserreich. Das Elsaß behielt seine eigene Sprache, das Elsässisch, es profitierte vom wirtschaftlichen Aufschwung Frankreichs aus früher Industrialisierung und dem Ausbau von Straßen und Kanälen. Die Elsässer richteten sich als Franzosen ein. Als französische Elsässer sozusagen.
Mit dem Krieg von 1870 begannen die eigentlichen Schwierigkeiten für das Elsaß, die durch die beiden Weltkriege und den Nationalsozialismus noch forciert wurden. Das Hin und Her der Herrschenden und deren Unverständnis für die Eigenart der Elsässer.
Lassen wir die Geschichte. Eines jedenfalls ist klar, das Elsaß als «das Land dazwischen» kann eine Brückenfunktion zwischen Deutschland und Frankreich spielen, kann manchen Unterschied in deutscher und französischer Mentalität, der die Zusammenarbeit im neuen Europa erschwert, überbrücken und ausgleichen. Damit das Elsaß diese Funktion aber erfüllen kann, braucht es einen entsprechenden Freiraum.
Vielleicht haben die Schwierigkeiten, die das Elsaß bis in unsere Zeit hinein mit den jeweils Herrschenden hatte, auch etwas Gutes bewirkt: eine Besinnung auf die Eigenart. Das beginnt mit der Sprache. Aus der Abneigung gegen alle Hochsprachen, glatte, schnelldenkende, sich überlegenfühlende Spracharroganz findet der Elsässer in seinem Alemannisch, von dem man sagt, es sei kein Dialekt, sondern eine eigene Sprache, eine Zuflucht. Und so ist das Elsässisch so etwas wie ein Panzer der Identität, durch die der Elsässer sein Wesen schützt. Das gibt ihm die Kraft, ja zu sagen zu seiner Eigenart. Zum Beispiel zu einer ländlichen einfachen Küche. Während anderswo die Regionalküche weitgehend von den Speisekarten der Restaurants verschwunden ist, ist es im Elsaß gerade die Regionalküche, die das Besondere ausmacht, z.B. Sauerkraut nach Elsässer Art «Choucroute garnie à l'alsacienne» (frisches Sauerkraut, frisch gesalzene Wädele, gesalzener Speck, Ripple, Blut- und Leberwurst, Straßburger Bauernbratwurst, dazu Salzkartoffeln) oder eine Matelote (verschiedene Fische wie Zander, Schleie, Aal, Barsch etc. in einer feinen Sauce aus Weißwein, Cognac und Rahm, dazu Nudeln und Salzkartoffeln) oder ein Straßburger Baeckeoffe (ein Eintopfgericht, das in einem irdenen, gut schließenden Geschirr zubereitet wird, und das schichtweise aus Kartoffeln, Zwiebeln, Ochsenfleisch, Hammelschulter, Schweinehals, Schweinsfüßen und -wädele besteht; das Fleisch hat man über Nacht in Weißwein eingelegt zusammen mit Knoblauch, Petersilie, Salz und Pfeffer, und das Ganze wird beim Bäcker für drei Stunden in den Backofen gestellt) oder Hecht in Rahmsauce oder Tourte à la colmarienne, eine wunderbare Fleischpastete, oder ganz einfach süßen oder salzigen Gugelhupf, der so wunderbar zu elsässischem Wein paßt, oder eine besondere Delikatesse: Münsterkäse. Und dann nicht zu vergessen «Escargots à l'alsacienne», Weinbergschnecken nach Elsässer Art.
Ich könnte noch lange weiterschwärmen von diesen Herrlichkeiten, die ich in Straßburg esse oder in Wissembourg, in Colmar und in Thann, in Illhäusern oder in Ammerschwihr. Aber da esse ich auch schon die Feinheiten der französischen Küche. Ist nicht das kleine Illhäusern von seiner kulinarischen Bedeutung her eine Hauptstadt Frankreichs?

Aber zurück zur Sprache. Auch das Elsässisch hat es nicht leicht. Wird es nicht alleweil vom Französisch bedroht, das der Elsässer beherrschen muß, denn wie will er sonst in seinem Frankreich bestehen? Andererseits: wie kann sich eine Sprache halten, bei den Jungen halten, die weder im Kindergarten noch in der Grundschule ihre Muttersprache, und das ist das Elsässisch, sprechen dürfen und wenn, dann nur stundenweise. Es kann einem angst sein um diese Sprache, und nicht umsonst hat Germain Muller, der unvergeßliche Elsässer Kabarettist, sein «Barabli» singen lassen:

Mir sin schiens d'Letschte, die Allerletschte
di noch so babbele wiene de
Schnabbel gewachse isch, nach uns isch ferti mit dem Trafari, no wird endli im ganze Frankrich geparle-vous nume franzesch.

Vielleicht wäre es schon viel weiter mit dem Sterben dieser Sprache, die unserem badischen Alemannisch verwandt ist und natürlich auch dem Schweizerdeutschen, wenn es nicht in den 70er Jahren zwei Ereignisse gegeben hätte, die der Sprache einen neuen Anstoß gaben.

Das waren der Protest gegen den Bau einer Bleifabrik im elsäßischen Marckolsheim und der Protest gegen den Bau eines Atomkraftwerks im badischen Wyhl. Die Jugend des Elsaß und Badens war sich in diesem Protest einig. Dieser Protest fand in entsprechenden Liedern seinen Ausdruck. Plötzlich wurde Alemannisch zur Sprache des Protestes gegen die Herrschenden, die Hochdeutsch und Französisch sprachen. Indem sich die Jugend des Elsaß und Badens mit diesem Protest identifizierte, wurde es chic, Roger Siffer, René Egles, Roland Engel, Pierre Albrecht und Walter Moßmann zu hören, ihre Lieder zu singen und die Sprache ihrer Lieder zu sprechen, Elsässisch und badisches Alemannisch.

Aber dieser Anstoß ist vorbei. Die Liedermacher sind ein wenig aus der Mode gekommen. Mit dem Elsässisch steht es wieder schlecht (Und mit unserem Badisch auch). Unseri Schproch het halt kei Lobby!!!

Ich stehe auf der Terrasse des Klosters St. Odilien und schaue hinunter auf das Elsaß, das vor diesem Höhenkloster weit ausgebreitet liegt. Ich sehe die malerischen Dörfer, die weiten Äcker, ahne den Rhein und die Stadt Straßburg und drüben den badischen Teil der Ebene und den Schwarzwald. Die Ebene ist eine Einheit, war es auch wohl in jeder Hinsicht, ehe der badische Tulla den behäbigen Rheinfluß, der sich in unzähligen Armen gemächlich nach Norden schlängelte, der nach jedem Hochwasser sein Bett änderte, auf dem Segelschiffe flußaufwärts fuhren, kanalisierte, den modernen dynamischen Rheinstrom schuf, ihn damit unüberschreitbar machte, die Menschen auf die Brücken verwies, die man kontrollieren konnte.

Bauern hatten ihre Äcker auf der jeweils anderen Seite des Rheines, fuhren mit dem eigenen Nachen über den Fluß, um sie zu bearbeiten, ohne Problem.

Junge Männer fuhren über den Fluß, um die Liebste zu besuchen, die sie drüben bei der Kirchweih kennengelernt hatten. Man heiratete über den Fluß, herüber und hinüber.

Das 19. Jahrhundert mit seinen Nationalstaaten brauchte Grenzen, präzise kontrollierbare Grenzen, so wie ein kanalisierter Fluß sie bietet. Da ist kein Platz für individuellen Verkehr!

Hinter mir die riesige Statue der heiligen Odilie, hält segnend ihre Hand über ihr Elsaß.

Das Elsaß liegt da wie ein Garten, in dem alles gedeiht: Der Weizen und das Gemüse, das Obst und der Wein.

Hundert Kilometer lang und zwei Kilometer breit ist die elsässische Zone des Weinbaus,

die sich am Fuße der Vogesen entlang zieht. Insgesamt 36 000 Winzer in hundertzwanzig Weinorten produzieren pro Jahr 750 000 hl Wein.
Die bekanntesten Weinorte sind Marlenheim, Obernai, Ottrott, Heiligenstein, Barr, Schlettstadt, Bergheim, Ribeauvillé, Riquewihr, Kaisersberg, Ammerschwihr, Turckheim, Colmar, Winzenheim, Gueberschwihr, Guebwiller, Thann.
Die Hauptstadt des elsässischen Weines ist Colmar, die Stadt mit den niedrigsten Jahresniederschlagsmengen in Europa.
Im Windschatten der Vogesen gedeiht der Wein in einem warmen, sonnenreichen Kontinentalklima. Lange, milde Herbsttemperaturen lassen den elsässischen Qualitätswein zu seiner Fruchtigkeit und seinem feinen Bukett reifen.
Im Mittelalter war der elsässische Wein in ganz Europa bekannt. Als nach der Französischen Revolution die großen Weingüter zerschlagen und ihre Rebberge vielen kleinen Bauern gegeben wurden, mußten diese auf Quantität statt auf Qualität setzen. Die Konkurrenz hervorragender französischer Weine tat ein übriges. Der elsässische Wein kam in den Ruf, schlecht zu sein. Erst in unserem Jahrhundert gelang es wieder, den elsässischen Wein, der etwa 1 % allen französischen Weines ausmacht, zur Qualität zurückzuführen.
Elsässische Weine haben einen durchschnittlichen Alkoholgehalt von 8,5 bis 13 %. Sie sind trocken, feinherb, kräftig, reintönig und würzig.
Die wichtigsten Sorten sind Silvaner, Pinot blanc (Weißer Burgunder), Tokay d'Alsace (Pinot Gris, Ruländer, Grauer Burgunder), Muscat d'Alsace (trockene, mittelherbe Weine), Riesling, Traminer, Gewürztraminer.
Eine Spezialität des Elsaß ist der sogenannte Edelzwicker, ein Verschnitt elsässischer Qualitätsweine aus verschiedenen Rebsorten.
Was red' ich lang! Kommen Sie mit, wenn der Herbst die Rebberge golden färbt und die elsässischen Winzer ihren Wein einbringen. Dann riecht es in den Dörfern am Gebirgsrand säuerlich süß nach neuem Wein. Und aus den Küchen mischt sich der Duft von Ziebelewajhe, von Zwiebelkuchen, darunter. Den gibt es dann zu essen, zum neuen Wein! Das ist das Elsaß, wo die Menschen noch zu leben verstehen. Französisch: Savoir vivre!

Pilzküchlein

1. *400 g frische Pilze (Wald- oder Zuchtpilze), blätterig schneiden*
   1 TL Salz
2. *4 Scheiben Weißbrot, Rinde entfernen, in Würfel schneiden*
   4 EL Milch
3. *1 EL Butter*
4. *2 Eier*
   3 EL Greyerzerkäse, gerieben
   Pfeffer, Salz
5. *2 EL Butterfett (eingesottene Butter)*
   3 EL Paniermehl

Die Pilze mit dem Salz bestreuen, gut vermengen. 10 Minuten stehen lassen. Es bildet sich Wasser. Die Pilze gut ausdrücken.
Das Brot mit der Milch beträufeln. Einige Minuten stehen lassen. Ausdrücken.
Die Butter erhitzen. Die Pilze darin dünsten, dann die Brotmasse dazugeben. Dünsten, bis alle Flüssigkeit verdampft ist. Abkühlen.
Eier und Käse daruntermengen, würzen. Mit nassen Händen eßlöffelgroße Küchlein formen.
Das Butterfett erhitzen. Die Küchlein im Paniermehl wenden, flachdrücken, knusprig braun braten.
Tomatensauce und grüner Salat dazu servieren.

Pilzküchlein mit Tomatensauce

Bärlauchsuppe

1. 1 l Gemüse- oder Fleischbrühe
2. 500 g Kartoffeln, in Würfel schneiden
1 Karotte, in Rädchen schneiden
½ Lauchstange, in Streifen schneiden
¼ Sellerieknolle, in Scheiben schneiden
3. 125 ml Rahm
2 Handvoll frische Bärlauchblätter, fein hacken

Die Brühe aufkochen. Die Zutaten von 2. beigeben. ½ Std. köcheln lassen. Durch ein Sieb streichen oder mit dem Mixstab pürieren. Nochmals aufkochen.
Zutaten von 3. miteinander vermengen. Zur Suppe geben. Nicht mehr erhitzen (der Bärlauch verliert sonst die schöne Farbe und einen Teil des Geschmacks).
Im vorgewärmten Teller sofort servieren.

Bärlauchsuppe

Hahn im Riesling

1. 1 Poularde von ca. 2 kg,
besser: 1 Hahn vom Bauernhof
Salz, Pfeffer
2. 2 EL Butterfett (eingesottene Butter)
3. 1 EL Butterfett (eingesottene Butter)
2 Zwiebeln, fein hacken
1 EL Milch
750 ml Riesling
4. 1 EL Butter
250 g frische Waldpilze oder Champignons, blättrig schneiden
5. 200 ml Rahm
Salz

Die Poularde in 8 Teile schneiden (Flügel beim Achselgelenk, Beine beim Hüftgelenk abtrennen. Den Rest dem Rückgrat und dem Brustbein entlang zertrennen, dann einmal quer durchschneiden). Die Stücke würzen. Das Butterfett (2.) heiß werden lassen, das Fleisch darin hellbraun anbraten. Die zweite Portion Butterfett (3.) heiß werden lassen, die Zwiebeln darin glasig dünsten. Fleischstücke beigeben, mit dem Mehl bestäuben. Einige Male im Fett drehen. Mit dem Wein ablöschen. Zugedeckt 40 Minuten köcheln.
Die Butter schmelzen. Die Pilze darin wenden. Zugedeckt 5 Minuten dämpfen. Salzen.
Die gegarten Fleischstücke aus der Sauce nehmen. Warm stellen. Die Champignons über der Sauce abseihen. Warm stellen. Die Sauce auf die Hälfte einkochen lassen. Evtl. nachwürzen. Fleisch und Pilze auf einer vorgewärmten Platte anrichten, die Sauce darübergießen.

Hahn im Riesling ▶

Sauerkraut garniert

Sauerkraut garniert

1. *1 gepökelte Schweinshaxe (Eisbein)*
1 gepökelte und geräucherte Schweineschulter (Schiffala = Schäufele = Schüfeli)
500 g gepökelter Speck
500 g geräucherter Bauchspeck

2. *2 kg Sauerkraut, frisch*
100 g Gänseschmalz
2 Zwiebeln, in Scheiben schneiden

3. *1 EL Wacholderbeeren*
1 Knoblauchzehe gepreßt
1 TL Thymian, getrocknet
1 Lorbeerblatt
1 TL Korianderkörner
1 TL schwarze Pfefferkörner
1 Gewürznelke

4. *500 ml trockener Weißwein*
1 TL Salz

5. *6 geräucherte Schweinswürstchen*

Das gepökelte Fleisch über Nacht wässern. Das Fleisch knapp mit kaltem Wasser bedeckt ¾ Std. köcheln lassen. Das Sauerkraut im fließenden Wasser abspülen, gut abtropfen.
In einem genügend großen Gußeisentopf (mit Deckel) das Gänseschmalz schmelzen. Die Zwiebelscheiben darin glasig dünsten. Sauerkraut, Knoblauch und Wacholderbeeren beigeben. Die Gewürze von 3. in einen Teefilter füllen, zubinden, zum Sauerkraut legen. Den Weißwein zufügen. Den Topf zudecken. Im auf 180° C vorgeheizten Ofen ¾ Std. garen. Dann die Fleischstücke darauflegen und evtl. etwas Fleischbrühe nachgießen. Weitere 30–40 Min. zugedeckt im Backofen belassen. Unterdessen die Würstchen im Fleischsud ziehen lassen.
Das Sauerkraut auf einer vorgewärmten Platte anrichten. Das Fleisch in Portionenstücken und die Würstchen darüberlegen. Schalenkartoffeln dazu servieren.

Kirschenkuchen

1. 3 *Brötchen, in feine Scheiben schneiden*
   100 ml *Milch*
2. 3 EL *Butter, zimmerwarm*
   3 EL *Zucker*
   4 *Eigelb*
3. 3 EL *Mandeln, gemahlen*
   ½ TL *Zimtpulver*
   evtl.
   1–3 EL *Kirschwasser*
   1 kg *schwarze Kirschen (Kracher)*
4. 8 *Eiweiß*
   1 *Prise Salz*
5. 1 EL *Butter*
6. 3 EL *Mandeln, fein mahlen*

Die Milch aufkochen, über die Brotscheiben geben. 1 Std. stehen lassen.
Die Zutaten von 2. schaumig rühren, Zutaten von 3. zufügen. Backofen auf 150° C vorheizen. Eiweiß und Salz ganz steif schlagen. Eine Springform gut ausbuttern. Das Eiweiß unter den Teig heben, diesen in die Form einfüllen. Die Mandeln darüberstreuen. ¾ Std. backen. Mit einer Stricknadel Garprobe machen. Falls noch Teig an der Nadel klebt, 5–10 Minuten länger backen.

Kirschenkuchen

Flammenkuchen

1. 400 g Brotteig (halbe Menge vom Rezept)
2. 150 g Rahm
150 g Rahmquark
2 EL Sonnenblumenöl
Salz, Pfeffer
3. 200 g Rauchspeck, in feine Streifen schneiden
2 Zwiebeln, in Ringe schneiden

Backofen auf 250° C vorheizen.
Brotteig so dünn wie möglich ausrollen. Je dünner, desto besser. Die Zutaten von 2. miteinander vermengen. Auf dem Teig verstreichen. Zutaten von 3. darüberstreuen. Sofort in den Ofen schieben. ¼ Std. backen. In handliche Stükke schneiden. Diese zusammenklappen oder aufrollen. Sofort servieren.

Winterrezepte und Geschichten

Was die Großmutter noch wußte **Bd. 5**

Die Kastanienbäume haben nicht immer eine Stachelhaut für ihre Früchte gehabt. Sie hingen am Anfang am Baum wie Äpfel und Birnen. Die Siebenschläfer aßen sie Jahr für Jahr am Baum auf. Da sagten die Kastanienbäume zueinander «So kann es nicht weitergehen. Wir lassen Kastanien wachsen und kein Mensch kann süße Vermicelles daraus bereiten, geschweige denn glasierte Kastanien zum Rotkraut essen».
Da ließen die Kastanienbäume um ihre Früchte eine Stachelhaut wachsen, die erst aufplatzt, wenn die Früchte reif sind.

Kastanie

Jahrelang habe ich zwei Kastanienigel auf meinem Schreibtisch liegen gehabt. Irgendwer hat mir einmal mit ihrer Hilfe das Wesen der Liebe erklärt, vielleicht war es eine kluge Frau, ich weiß es nicht mehr.
«Wenn zwei Stacheltiere frieren», so hat sie gesagt, «dann rücken sie ganz nahe zusammen, um sich zu wärmen. Aber dann stechen sie sich. Also rücken sie auseinander.
Dann frieren sie wieder. Und rücken wieder zusammen, bis sie sich stechen. Das geht solange, bis sie eine ideale Entfernung gefunden haben, bei der sie sich zwar warm geben, aber noch nicht stechen. Siehst du, so ist es mit der Liebe. Auch da muß man diesen idealen Abstand finden, bei dem die Liebe den anderen und seine Freiheit noch nicht einschränkt.»
An irgendeinem Sonntag im Herbst hat mir Mutter einen Beutel gegeben, und dann mußte ich mit meinem Vater Kastanien suchen gehen auf dem Lorettoberg.
Oben, rund um die merkwürdige Kapelle herum, standen und stehen wohl noch alte knorrige Kastanienbäume. Ich hab nur die Kastanien aufgelesen, die am Boden lagen. Meine cleveren Klassenkameraden haben die Kastanien «gebengelt», d. h. sie warfen Holz«bengel» in die Äste und bekamen so halt viel mehr als ich und mein Vater. Aber für ein oder zwei Sonntagsessen Rotkraut mit glasierten Kastanien hat's gereicht. Schweinebraten gab's dazu.
Und außerdem hat meine Mutter die etwas mühselige Arbeit des Häutens nicht gemocht. Also war sie mit unserer mageren Ausbeute gar nicht so unzufrieden.
Jahre später kam ich zum ersten Mal ins Tessin. Mit meiner Frau auf der Hochzeitsreise. Es war Ende September, wenn es im Tessin am schönsten ist.
Der See ist noch warm, man kann noch schwimmen. Der Waschküchendunst, der den Aufenthalt am See im Juli und August so unerträglich macht, ist mit den Touristen verschwunden. Die Luft ist klar und das ganze schöne Land liegt einem zu Füßen, wenn man auch nur ein paar hundert Meter in die Höhe steigt.
Im Wald gibt es Pilze und Kastanien.
In unserer Wohnung, wir wohnten in einer Familienherberge direkt am See für 6 Franken 20 pro Tag, lag eine Broschüre übers Tessin aus. Und da fand ich den Hinweis, man möge doch die Kastanien im Wald liegen lassen, weil die Tessiner sie für den Winter sammeln und ohne sie hungern müßten.
Also habe ich meiner Frau jedes Sammeln verwehrt, was ihr aus ähnlichen Gründen wie meiner Mutter gar nicht so unrecht war. Seitdem war ich oft im Tessin. Aber nie, gar nie habe ich einen Tessiner Kastanien sammeln sehen. Essen allerdings schon.
Wenn es Abend wird im Oktober und drüben über den Bergen des Onsernonetals das letzte Licht des Tages verlischt, macht mein Freund Willi den Kamin in seiner Wohnstube an. Und ehe es ganz Nacht ist, flackern die Flammen, geben dem Raum ein lebendiges tanzendes Licht.

In einer Kastanienpfanne hat Willi Kastanien, dicke Maronen der ersten Wahl.
Die Kastanienpfanne hat einen Boden, der aus mehreren Eisenbändern besteht, unterbrochen durch Zwischenräume, so schmal, daß die Kastanien nicht durchfallen können.
Immer wieder schüttelt Willi die Pfanne.
Wo die Kastanien über den Zwischenraum des Bodens zu liegen kommen, brennen schwarze Löcher in ihre Schale. So platzen sie nicht.
Ich hätte mit einem Messer Einschnitte in die Schale gemacht, zwar kein mühsames aber zeitraubendes Geschäft, das man sich mit der Kastanienpfanne spart.
Und dann sitzen wir um den Kamin, Willi und Jeannette, Annette und ich essen Kastanien und trinken roten Wein, Nostrano, den Bauernwein des Tessin, der aus Amerikanertrauben gemacht wird und nach Eisen schmeckt. Manchmal gibt es ein Stück Käse dazu, den Alpkäse des Tessin. Und wir erzählen Geschichten vom alten Tessin und vom alten Schwarzwald und manchmal ist's, als wäre von ein und demselben Land die Rede.
Willi erzählt, wie es bei ihm daheim im Herbst und Winter Kastanien zu essen gab und Geißenmilch als Abendessen an einem Werktag. Und daß es Kastanienbrot gab.
Daß der Gambarogno, seine Heimat am Ostufer des Lago Maggiore, ganz und gar mit Kastanienbäumen bewachsen war bis hinauf an die Waldgrenze. Unter den Kastanienbäumen war Weide für Geißen und Kühe. Heute ist der Gambarogno mit Mischwald bewachsen, in dem immer noch die Kastanien dominieren, aber da es kaum noch Geißen gibt im Gambarogno, sind die Wiesen vom Wald überwuchert. Und die meisten der alten Kastanienbäume sind vor einigen Jahrzehnten der Kastanienkrankheit zum Opfer gefallen.

Drei Sorten Kastanien unterscheidet Willi. Da sind zunächst die Maronen, groß und dick. Sie wachsen an Bäumen, die der Bauer veredelt hat durch das Aufpfropfen von Reisern alter Maronenbäume, nicht anders als dies z. B. bei den meisten Obstbäumen und beim Wein gemacht werden muß. Maronen sind z. T. riesengroße, uralte Bäume. Auf Sizilien, am Ätna, soll es Maronenbäume geben, deren Baumkronen bis zu 60 m Umfang haben. Der Kastanienigel der Maronen enthält nur einen einzigen Kern. Maronen werden auf dem Feuer geröstet («heiße Maroni»). Sie werden gekocht. Aus ihnen wird Maronenmus, Vermicelles, bereitet, und kandiert kommen sie als Marrons glacés auf den Markt. Willi erzählt mir, daß sie zunächst 10 Tage in reines Wasser gelegt werden. Alle, die dann an der Wasseroberfläche schwimmen, sind schlecht und werden entfernt. Danach werden die Maroni in feuchtem Sand aufbewahrt. Sie sind bis zum Sommer des darauffolgenden Jahres haltbar.
Die kleinste Sorte, im Tessin nennt man sie Magret, haben das beste Aroma. Sie sind geeignet zum Kochen und zum Dörren. Das Dörren geschieht in eigenen Dörrhäuschen, auf Rosten über Feuer. Dann kommen sie in einen Sack und werden auf einen Holzstoß geschlagen, so daß die dürren Schalen zerbrechen und die trockenen Früchte herausfallen. Diese gedörrten Kastanien werden wie Hülsenfrüchte eingeweicht und gekocht. Ein Teil gedörrte Kastanien entspricht der Menge von drei Teilen frischen Kastanien. Sie gelten bei den Tessinern als sehr gesunde Nahrung.
Eine mittlere Sorte nennen die Tessiner Salvadig. Es sind wilde Kastanien, die den Schweinen gefüttert werden, die man an Weihnachten schlachtet. Sie werden auf dem Dachboden ausgebreitet und, wenn sie trocken sind, geschält.

Und dann erzählt Willi ein Tessiner Märchen:
Eines Tages besuchte der liebe Gott wieder einmal das schönste Land, das er in seiner Güte geschaffen hatte, das Tessin. Am Abend hatte er Hunger. Vielleicht wollte er auch nur die Tessiner prüfen. Jedenfalls schlüpfte er in die Gestalt eines Bettlers. Er klopfte bei einer reichen Bäuerin an und bat um etwas zu essen. Die Bäuerin aber schickte ihn fort. «Bettlern», so sagte sie, «gebe ich nichts.» Neben der reichen Frau lebte eine sehr arme Witwe mit fünf Kindern in einer elenden Hütte. Auch hier klopfte der liebe Gott an und sagte, daß er Hunger habe und um etwas zu essen bitte. Da sagte die arme Frau: «Ich habe zwar auch nichts als ein paar gekochte Kastanien. Meine Kinder haben Hunger, sie müssen etwas essen. Aber ich gebe dir meinen Teil von den Kastanien.»
Da setzte sich der liebe Gott an den Tisch zu den Kindern und aß mit ihnen Kastanien. Als er gegessen hatte, verabschiedete er sich und dann schenkte er der armen Frau einen Ballen mit schönem teurem Tuch, und er sagte zu ihr: «Alles, was du morgen früh bei Sonnenaufgang machst, das sollst du den ganzen Tag über machen.» Als die arme Frau bei Sonnenaufgang aufwachte, da war sie neugierig, ob das Tuch wohl für die Kleider ihrer fünf Kinder ausreichen würde. Und sie begann den Stoffballen abzuwickeln, um ihn zu messen. Aber so viel sie auch wickelte und wickelte, der Stoff nahm kein Ende und als schließlich die Sonne unterging, war die ganze Hütte der armen Frau voll Stoff, so daß sie nicht nur ihre fünf Kinder neu kleiden konnte, sondern auch sich selbst und dann noch so viel übrig hatte, daß sie diesen kostbaren Stoff in Locarno bei einem Schneider für viel Geld verkaufen konnte.
Als die reiche Frau, die den lieben Gott abgewiesen hatte, den Segen sah, der über ihre vorher arme Nachbarin kam, da betete sie zum lieben Gott, er möge ihr den Geiz verzeihen und noch einmal zu ihr zu Besuch kommen. Und so geschah es auch. Sie bewirtete den lieben Gott mit allem, was sie hatte. Beim Abschied sagte ihr der liebe Gott ebenfalls: «Was du morgen früh beim Sonnenaufgang tun wirst, das wirst du den ganzen Tag tun.» Die reiche geldgierige Frau überlegte sich die ganze Nacht, was sie wohl Nutzbringendes am Morgen tun könnte. Und dann kam es ihr in den Sinn: sie wollte beim Sonnenaufgang Geld zählen. Sie rechnete sich aus, wieviel Goldstücke sie in der Stunde zählen könnte und wieviel Stunden es vom Sonnenaufgang bis zum Sonnenuntergang wären und wieviel Geld sie dann hätte und was sie mit dem vielen Geld alles anfangen könnte. Gegen Morgen schlief sie endlich ein. Als sie wach wurde, war sie noch so müde, daß sie nicht ans Geldzählen dachte. Sie ging auf das «stille Örtchen» und als sie dort saß und ihre Notdurft verrichtete, ging die Sonne auf. Und sie mußte den ganzen Tag sitzen bleiben, und jedesmal, wenn sie aufstand und die Tür öffnen wollte, kam der Drang wieder über sie. Sie saß dort bis die Sonne unterging. So straft der liebe Gott die Geldgier oder besser gesagt, die Geldgier straft sich selbst, wenigstens im Tessiner Märchen.
Aber die Kastanie ist nicht nur ein wichtiges Grundnahrungsmittel im Tessin. Der Kastanienbaum dient dem Tessiner auch auf andere Weise. Kastanienholz ist das verfügbare Bauholz des Tessin. Es ist dauerhaft und hart wie Eichenholz, zugleich elastisch und tragfähig. Kastanienbalken tragen jahrhundertelang die schweren Granitplatten, mit denen die Tessiner Häuser gedeckt sind. Aus Kastanienholz werden Fässer gemacht und Rebstecken. Kastanienholz wird in den Kaminen des Tessin verbrannt. Wenn es frisch ist, sprüht es zwar sehr stark Funken, läßt man es aber in Wind und Wetter, in Regen und Sonne trocknen, dann brennt es normal.

Die trockenen Blätter der Kastanien dienen als Streu in den Ställen, und früher schliefen viele Tessiner auf Kastanienblättern.
Kastanienholz enthält fast ebensoviel Gerbsäure wie Eichenholz und konnte früher wie dieses zum Gerben verwendet werden. Produkte der Chemie sind an deren Stelle getreten.
Der Große Meyer nennt die Kastanie ein Buchengewächs. Das westliche Asien sei ihre Heimat. Von Menschenhand sei die Kastanie nach Südeuropa gebracht worden, wo sie prachtvoll gedeihe. Die Römer brachten sie auch auf die Alpennordseite, in die Schweiz, an den Oberrhein, in die Pfalz, nach Hessen. Überall dort, wo die Römer den Weinbau eingeführt haben, wachsen auch Kastanien. Das ist natürlich kein Zufall, denn zum Weinbau braucht man Rebstecken und Fässer und beides liefert die Kastanie.

Dabei war das Kastanienholz nicht einmal so wichtig für die Faßdauben, die kann man aus deutschem Eichenholz machen, aber wegen der Elastizität ihres Holzes war die Kastanie unverzichtbar für die Faßreifen, die früher nicht aus Eisen hergestellt wurden. Kastanienfässer, also solche, deren Dauben ebenfalls aus Kastanienholz bestehen, können bestimmten Schnäpsen, wie Treber, Calvados, Cognac ihre schöne braune Farbe geben.

Maronen sind eine nahrhafte Sache, 100 g liefern 211 kcal. Sie enthalten mehr Kohlehydrate als andere Nüsse, dafür weniger Fett und Eiweiß. Hoch ist der Gehalt an Kalium, Phosphor, Magnesium und Kalzium sowie an Vitaminen der B-Gruppe.
Die Kastanien, sowohl die Früchte wie das Holz, spielen in der Heilkunde der hl. Hildegard von Bingen eine große Rolle. Sie sagt, alles was an diesem Baum ist, hilft gegen Schwäche, die im Menschen ist.
Dem Gichtkranken und Jähzornigen (das habe miteinander zu tun!) empfiehlt sie, Blätter und Fruchtschalen zu kochen und ein Dampfbad zu machen.
Wenn er das oft mache, weiche die Gicht und er bekomme einen «milden Sinn». –
Wenn man einen Stock aus Kastanienholz in der Hand trägt, so werde diese durch das Holz erwärmt. Diese Wärme stärke die Adern und alle Kräfte des Körpers.
Man soll auch an Kastanienholz riechen, weil sein Duft dem Kopf Gesundheit gäbe.
Wer schwach ist im Kopf, der koche Kastanien und esse sie oft nüchtern und nach dem Essen: «Sein Gehirn wächst und wird gefüllt, seine Nerven werden stark, der Kopfschmerz weicht.» Wer Herzschmerzen hat und traurig ist (Herz und Traurigkeit haben in der Tat miteinander zu tun!), der muß oft rohe Kastanienkerne essen. «Dies gießt seinem Herz einen Saft wie Schmelz ein, er wird an Stärke zunehmen und seinen Frohsinn wiederfinden.» Gegen Leberschmerzen muß man Kastanienkerne zerdrücken und in Honig legen. Dieser Honig macht die Leber wieder gesund. Nach der hl. Hildegard beeinflußt eine kranke Milz das Herz. Zur Heilung der Milz sollte man am Feuer gebratene Kastanien essen, d. h. heiße Maroni.
Gegen Magenschmerzen empfiehlt sie einen Brei aus gekochten Kastanien, Semmelmehl, Süßholzpulver, dem Pulver aus Engelsüß.
Es gibt Ärzte und Laien, die auf die Empfehlungen der hl. Hildegard schwören, und in der Tat gibt es erstaunliche Heilungen mit ihren Mitteln.

Eine «Hildegardärztin» hat uns empfohlen, die braunen Schalen von Kastanien auszukochen und diesen Extrakt regelmäßig dem Badewasser beizufügen. Das sei ein hervorragendes Mittel gegen Rheuma.

Als Kind habe ich immer wieder einen Zusammenhang zwischen den Edelkastanien und den Roßkastanien gesucht. Die einen schmeckten so gut und mit den anderen konnte ich so schöne Sachen machen: Männle, Tiere, Halsketten ...
Aber es gibt keinen Zusammenhang. Die Roßkastanie, die vor der Eiszeit in ganz Europa heimisch war, hat sich erst seit dem 16. Jh. von Wien aus über Europa wieder verbreitet.
Türkische Soldaten hatten die braunen Früchte als konzentriertes Pferdefutter mit sich geführt.

Kastanien

Kastanien als Bereicherung unseres Speisezettels: sie erleben in den letzten Jahren eine Renaissance. Das hat mit den Schriften der heiligen Hildegard von Bingen zu tun, die heute mehr und mehr Verbreitung und Beachtung finden. Frische Kastanien sind vom Oktober bis zum Februar auf dem Markt. Gedörrte Kastanien sowie -mehl und -flocken sind in der Schweiz relativ einfach erhältlich – anders sieht es in Deutschland aus. Deshalb habe ich im Bezugsquellennachweis am Schluß des Buches entsprechende Adressen vermerkt.
Heute finden wir – vor allem in den schweizerischen Supermärkten – zudem tiefgekühlte ganze Kastanien und leicht gesüßtes Kastanienpüree. Ich ziehe die tiefgekühlten Kastanien den gedörrten vor: ihr Geschmack ist wesentlich feiner.

Kastanien braten

- Die Früchte waschen, auf der gewölbten Seite mit einem spitzen, scharfen Messer kreuzweise einschneiden, auf einem Kuchenblech angefeuchtet bei 180° C 40 – 50 Min. braten. Nach 30 Min. nochmals befeuchten, mit einem zweiten Blech bedecken. Weitere 10 Min. braten, bis die Schalen geplatzt und die Kastanien mehlig weich sind. In der Schale servieren. Butterbrot dazu reichen.

Die Großmutter wußte:

Kastanien schälen kann man auf verschiedene Arten:

- Die Früchte waschen, auf der gewölbten Seite mit einem spitzen, scharfen Messer einen 1 – 2 cm langen Schnitt anbringen, in kochendes Wasser geben, 5 Min. kochen. Eine Portion mit der Schaumkelle herausnehmen, möglichst heiß schälen. Den Rest der Kastanien im heißen Wasser belassen. Immer nur so viele herausnehmen, daß sie vor dem Schälen nicht abkühlen.
- Die gewaschenen Früchte auf einem Tuch gut abtrocknen, einschneiden und auf einem Schaumlöffel in heißes Öl tauchen. 5 Min. brutzeln lassen. Auf einer Pellkartoffel-Gabel aufgespießt noch möglichst heiß schälen.

Kastanien-Krautwickel

500 g Kastanien
8 schöne Blätter von Wirsing und/oder Rotkraut
2 EL frische Butter
300 ml Fleischbrühe

Die geschälten Kastanien leicht salzen, 30 Min. kochen.
Die Kohlblätter in leicht gesalzenes, kochendes Wasser geben. 5 Min. blanchieren, mit der Schaumkelle herausheben. Eventuell stark hervortretende Blattrippen flach abschneiden, damit die Blätter sich gut rollen lassen.

Die Blätter flach legen. Auf jedes Blatt 6 – 8 Kastanien legen. Die Blattseiten links und rechts über die Kastanien legen, dann das Päckchen von unten nach oben zusammenrollen. In eine mit frischer Butter ausgestrichene Gratinform geben. Die Fleischbrühe dazugeben.
Im auf 180° C vorgeheizten Backofen 40 Min. schmoren lassen. Oberfläche mit einer Alufolie abdecken, falls sich die Blätter zu sehr bräunen, evtl. noch etwas Fleischbrühe nachgießen.

Die geschälten Kastanien dicht an dicht in eine Bratpfanne (am besten aus Gußeisen) legen. Sie dürfen nur eine Lage bilden. Den Zitronensaft darüberträufeln.
Den Zucker karamellisieren. Ebenfalls über die Kastanien träufeln.
Die Fleischbrühe dazugeben. Auf kleinem Feuer weichdämpfen. Die Flüssigkeit sollte zuletzt eingekocht sein. Evtl. nochmals etwas Fleischbrühe beigeben.
Die Butter flüssig machen, darüberträufeln.
Zu Wildfleisch, Lamm- oder Schweinefleisch, Gans oder Ente servieren.

Vermicelles

800 g Kastanien
500 ml Milch
2 – 3 EL Zucker
4 EL Kirschwasser
200 ml Rahm (süße Sahne)
1 Prise Salz
1 – 2 EL Zucker
1 EL Vanillezucker (fakultativ)
10 Meringue-Schalen
evtl. Maraschino-Kirschen oder eingemachte Sauerkirschen

Die geschälten Kastanien mit der Milch weichkochen (ca. 40 Min.). Vorsicht: kann anbrennen. Evtl. noch mehr Milch beigeben. Das entstehende Mus muß jedoch sehr kompakt sein. Zucker und Kirschwasser dazugeben.
Den Rahm mit dem Salz, dem Zucker und dem Vanillezucker möglichst steifschlagen.
Eine Dessert-Schale mit (evtl. zerbröselten) Meringue-Schalen belegen. Das Kastanienmus durch das Passevite (Flotte Lotte) direkt auf die Meringue-Schalen geben. Am Rand Meringue-Schalen einstecken.
Den Rahm darüber dressieren. Eventuell mit Dessert-Kirschen verzieren. Kalt stellen.

Glasierte Kastanien

500 g Kastanien
1 KL Zitronensaft
50 g Zucker
100 ml Fleischbrühe
2 EL frische Butter

Kastaniencake

800 g	*Kastanien*
500 ml	*Milch*
2 – 3 EL	*Zucker*
4 EL	*Kirschwasser (fakultativ)*
200 g	*dunkle Schokolade (Blockschokolade oder Cremant)*
150 g	*frische Butter*
	evtl. 2 – 4 EL Wasser
3 EL	*Zucker (nach Belieben auch mehr)*
200 g	*Butterkekse*

Die geschälten Kastanien mit der Milch weichkochen (ca. 40 Min.). Vorsicht: kann anbrennen. Evtl. noch mehr Milch beigeben. Zucker und Kirschwasser beifügen. Mit dem Mixer pürieren oder durch ein Passevite (Flotte Lotte) streichen. Kalt stellen.

Die Schokolade in Brocken brechen, im Wasserbad schmelzen (nicht heiß werden lassen!). Die zimmerwarme Butter und den Zucker darunterrühren. Es muß eine streichfähige Masse entstehen. Eventuell etwas Wasser dazugeben. Kalt stellen.

Eine 25 – 30-cm-Cakesform mit einem Backpapier auslegen. Die Form mit einer Lage Schokomasse ausgießen, dann mit Butterkeksen auslegen. Dann abwechslungsweise Kastanienpüree, Schokomasse und Kekse einfüllen. Zuoberst Schokolade. Über Nacht kalt stellen, vor dem Servieren stürzen (rasch in heißes Wasser tauchen). Mit einem in heißes Wasser getauchten Messer abschneiden.

Kastanientruffes

600 g Kastanien
½ l Milch
1 Vanillestengel, der Länge nach aufgeschnitten
4 EL Puderzucker
2 EL Kakaopulver (1)
75 g frische Butter
2 EL Rum
2 EL Kakaopulver (2)

Die gewaschenen Kastanien auf der gewölbten Seite kreuzweise einschneiden. Milch, Salz und Vanillestengel aufkochen. Die Kastanien beigeben und auf kleiner Flamme 40 Min. kochen. Abseihen. Die Kastanien so heiß wie möglich schälen. Durch ein Sieb streichen oder mit dem Stabmixer fein pürieren. Zucker, Kakao (1), Butter und Rum daruntermischen. Mit kalten, nassen Händen Kugeln drehen, diese über Nacht in den Kühlschrank stellen. In einen Cognacschwenker Kakaopulver (2) geben. Eine Kugel nach der andern hineingeben und durch einige Drehbewegungen des Glases gleichmäßig rund formen und mit Kakaopulver überziehen. In Pralinetütchen anrichten. Kalt servieren. Am besten zu einem Espresso.

Als die Großmutter noch jung war
Was die Großmutter noch wußte Bd. 2
Aus Kathrins Jugend in Arosa

Schnee

Der Sommerschnee hatte einen Vorteil: Man wußte, er verschwand bald wieder.

Schneite es aber im Oktober, dann wußte ich, der Winter hat begonnen. Dieser Schnee geht nicht mehr weg.

«Das gibt eine gute Unterlage.» So sprachen diejenigen, denen der Skisport das wichtigste war.

«Schön wär's gewesen, wir hätten die Kühe noch auf der Weide lassen können», sagten die Bauern.

Bei uns hätte man mit beiden Argumenten fechten können. Keiner tat es. Dafür jammerte Mama:

«Neun Monate Winter – und drei Monate kalt – ach, wenn doch der Frühling schon wieder käme.

Einer, der nicht hier aufgewachsen ist, kann sich nie an die langen Schneemonate gewöhnen.»

Monika fuhr nach Hause. Sie würde ein paar Tage vor Weihnachten wiederkommen. Die Küchen- und Zimmermädchen verließen uns, Anton auch. Nun war bloß noch die Familie da und Sami, der Knecht. Jetzt kochte die Nana. Mama und ich, wir bedienten im Restaurant. Ich lernte, in welchem Faß welcher Wein war: Im hinteren der Hügelwein, der billige, im vorderen der Veltliner. Für das Abfüllen des Weines hatten wir Karaffen, die mit dem Eichzeichen versehen waren. Beim Weinabfüllen hatte ich darauf zu achten, daß ich soviel in die Flasche laufen ließ, daß er ein bißchen über dem Eichzeichen stand. Und – das war ganz, ganz wichtig – daß ich den Hahnen des Fasses wieder sorgfältig zudrehte. Wehe, wenn das kostbare Naß infolge meiner Nachlässigkeit ausgelaufen wäre!

Wenn ich mir meine Tätigkeit als Kellnerin damals vorstelle: Ich begrüßte den Gast, fragte nach seinen Wünschen.

«Eine Flasche Bier» oder «einen Zweier».

Ich mußte zuerst auf einen Stuhl klettern, um die Gläser und vielleicht die Weinkaraffe aus dem Schrank zu holen. Die Biergläser waren hoch und schlank, die Veltlinergläser längsgerippt aus dickem Glas.

«So dick, daß sie, wenn du sie fallen läßt, dir wieder in die Hand zurückspringen.»

Ich stellte das entsprechende Glas vor den Gast, ging in den Keller, holte das gewünschte Getränk, brachte es, schenkte es ein. Das Bierglas mußte man zuerst schräg halten, damit es nicht zuviel Schaum gab. Dann mußte ich dem Gast «zum Wohl» wünschen.

Viele Gäste hatten Spaß an der kleinen Serviertochter und bestanden darauf, auch ihre Zeche an mich zu bezahlen. Das ging bald ohne Mamas Hilfe, sofern es sich um bloß einen Posten handelte und ich also nichts addieren mußte. Geld herausgeben ist leicht, wenn man lernt, vom zu bezahlenden Betrag an aufwärts zu zählen.

Der Spaß der Gäste drückte sich auch im Trinkgeld aus. Niemals wäre es mir in den Sinn gekommen, damit etwas zu kaufen. Ich warf es, genau abgezählt, in meine metallene Kasse, die Zähne hatte, damit man das darin bewahrte Geld nicht mehr herausschütteln konnte.

Alles, was mit Geld zu tun hatte, wurde von der Nana erledigt. War meine Kasse voll, wanderte ich an Nanas Hand auf die Bank, um das Geld aufs Sparbuch zu legen.

«Damit du Geld hast, wenn du etwas lernen willst.»

Diese Gänge wurden verbunden mit den Gängen zu den Lieferanten. Nana pflegte alle einmal im Monat aufzusuchen und deren Rechnungen bar zu bezahlen. Dabei hatte sie auch Gelegenheit, auf eventuelle Differenzen zwischen Rechnung und Lieferschein hinzuweisen.

Nana war das, was man heute als «Businesswoman» bezeichnen würde, bloß «Geschäftsfrau» wäre für sie zu wenig: gescheit, korrekt und genau. Eines ihrer Prinzipien war: «Vertrauen ist gut, kontrollieren ist besser.»

Nachträglich frage ich mich, woher sie all die kaufmännischen Kenntnisse gehabt hatte. Sie war als Bauerntochter in Maladers – dem ersten Dorf nach Chur, wenn man nach Arosa fährt – aufgewachsen und, noch nicht zwanzig Jahre alt, nach Arosa in den «Seehof» gekommen. Als Küchenmädchen. Sie hatte den Christian von der Seegrube geheiratet, war mit ihm auf die Egga gezogen, hatte zuerst drei Töchter und schließlich einen Sohn, meinen Vater, geboren, der natürlich auch Christian getauft wurde.

Anfangs der Zwanzigerjahre hatten sie die «Sonnenhalde» gebaut. Wie eine Bauernfamilie mit vier Kindern es fertigbringt, aus einem Bauernhof, der auf mehr als 1900 Meter über Meer liegt, soviel herauszuwirtschaften, daß sie es wagen konnten, eine Pension zu bauen – ich kann mir das nicht vorstellen.

Ein Grund mag gewesen sein, daß mein Neni genau wie nachher Papa im Umgang mit dem Vieh eine ungemein glückliche Hand hatte. Außerdem hatte er einen Nebenerwerb: Waren von Langwies nach Arosa säumen; das heißt, auf Saumtieren befördern. Reich geworden ist er damit gewiß nicht.

Der zweite, sicher ebenso wichtige Grund war der Unternehmungsgeist und praktische Geschäftssinn meiner Großmutter. Daß sie durch ihr entbehrungs- und risikoreiches Leben hart geworden war – vor allem gegenüber meiner Mutter, in der sie eine Rivalin sah – im nachhinein muß ich ihr das verzeihen.

Mit mir war sie lieb, erzählte mir auch von ihrer Jugend. Sie zeigte mir auch einmal, wie man auf dem Spinnrad spinnt. Wir hatten aber bloß ein winziges

Arosa
G. Dosch

Alp Maran

Büschel gekämmter Wolle. Deshalb blieb mein Wunsch, spinnen zu lernen, noch ein paar Jahrzehnte lang unerfüllt.

Noch etwas ist in meiner Erinnerung typisch für meine Großmutter: so nüchtern sie sonst war, auf den Mond und auf die Sterne mußte geachtet werden. Auch sie hatte den Bündner Kalender stets in Reichweite, damit sie nachsehen konnte, in welchem Sternzeichen der Tag stand. So schnitt sie mir zum Beispiel einmal im Monat, und zwar während des zunehmenden Mondes an einem Tag im Zeichen des Widders, die Spitzen meiner Haare ab. Dies sei das allerbeste Mittel, um ein Leben lang gesunde und schöne Haare zu haben.

Schweine mußten an einem Tag im letzten Mondviertel geschlachtet werden, sonst sei das Fleisch nicht haltbar.

Mama kämpfte etliche Jahre darum, daß der Montag, egal in was für einem Sternzeichen, zum Waschtag erklärt wurde, denn Nana war der Ansicht, die Wäsche würde sauberer, wenn man sie bei abnehmendem Mond an einem Tag im Zeichen des Fisches wusch. Der Kampf wurde dadurch entschieden, daß die Waschfrau, deren Arbeit auch von der Nana sehr gerühmt wurde, noch andere Arbeitsplätze hatte und sich nicht immer Nanas Mondvorschriften fügen konnte.

Mondglauben – ich sage nicht Mond-Aberglauben – den hatte die Nana von ihrer Mutter oder Nana gelernt und mitgebracht. Sie wollte ihn auch an mich weitergeben. Meine Mutter, in städtischer Umgebung und – wie sie sagte – «ohne diesen Firlefanz» – aufgewachsen, begriff die Nana nicht.

Etwas, was unabhängig vom Stand der Gestirne gemacht werden mußte während der Winterszeit, war das «Stellen». Wenn die Kühe in einem Stall alles Heu aufgefressen hatten, wurden sie in einen andern gebracht. Das tönt ganz einfach. Aber oft mußte dafür erst ein weiter Weg geschaufelt werden. Der vom Haus am weitesten entfernte Stall war in der «Siite» – der Seite – eine halbe Stunde talaufwärts. Jene Wegstrecke, die von der allgemein benützten Straße bis zum Stall führte, mußte geschaufelt werden.

Papa und Sami lösten einander dabei ab – und später auch bei der Betreuung der Tiere.

Betreuung der Tiere, das hieß füttern, melken, tränken, misten, streuen. Zweimal täglich und – darüber wurde nie ein Wort verloren – zu ganz genau festgelegten Zeiten. Morgens nahm mich Papa nie mit. Das war viel zu früh für mich. Er stand um vier Uhr auf, um um fünf Uhr dort oben zu sein.

Abends aber, um vier Uhr, da durfte ich mit ihm gehen ... Er schnallte sich die Milchtanse, ein Traggefäß, auf den Rücken, setzte sich auf den Schlitten. Ich durfte mich zwischen seine Knie setzen. Kurz war das Schlittelvergnügen, denn nun ging's bergaufwärts. Erst beim Kulmhotel vorbei. Das war damals ein Holzbau, so verwittert wie die umliegenden Bauernhäuser. Auch das sei früher ein Sanatorium gewesen. Aber jetzt war es eben ein Hotel, ein vornehmes sogar – und da wo man früher die Toten aufgebahrt hatte, war jetzt die Bar ...

Das Knappenhaus – auch das war etwas ganz besonderes.

Vor vielen, vielen Jahren hatte man an den Erzhörnern nach Erz gegraben. Das wurde in die Isla transportiert. Die Isla liegt etwas vor und unterhalb Arosa. Gewohnt hatten die Bergarbeiter eben im Knappenhaus, etwa in der Mitte zwischen der Isla und den Erzhörnern. Papa verstand es, mir die Arbeit der Knappen zu schildern, wie sie mühsam Gänge ins Gestein gegraben, das Erz verladen hatten – vermutlich auf Saumtiere, die es dann transportierten zum Schmelzofen in der Isla. Dort gab es viel und dichten Wald. Den schlug man, brannte das Holz zu Kohle, die zum Schmelzen des Eisens verwendet wurde.

Wir kamen am Haus der Fräuleins Hold vorbei, das jetzt so tief im Schnee lag, daß man weder den Zaun noch das Gartentor sah. Ich fühlte den Mandelgeschmack der Arvennüßchen im Mund ...

Dann folgte das Gspan, wo der Hanueli wohnte. Sah er uns vorbeigehen, so rief er uns ein paar vergnügte Worte nach. Weiter aufwärts zum «Hüschi»-Häuschen. Das Hüschi war ein winziges Haus, innen beinahe gleich wie Nanis Haus. Nebendran war ein Stall. In diesen würden Papa und Sami die Kühe bringen, wenn das Heu in der Siite aufgezehrt war. Schließlich nahmen wir noch unsere letzte Wegstrecke in Angriff. Den Schlitten ließen wir beim Hüschi. Der Weg war jetzt zu schmal und zu wenig ausgetreten, als daß wir hätten schlitteln können.

Wenn wir sprechend zum Stall kamen, tönte uns das Muhen der Kühe entgegen. Schwiegen wir, dann hörte man aus dem Stall keinen Laut.

Erst schauten wir nach den Kälbern, die in kleinen Extraboxen lagen.

Im Stall hatte ich meine Spielecke. Das war der Sägemehlhaufen. Unsere Ställe waren aus Holz und deshalb warm. Die Kühe bekamen keine eigentliche Streu, nur jedesmal nach dem Füttern eine frische Lage Sägemehl.

Papa hatte hier für mich das Spiel aufgestellt, das er als Kind im Stall seines Vaters vorgefunden hatte: Tannen- und Arvenzapfen. Die Tannenzapfen waren die Schweine, die Arvenzapfen die Kühe. Zwei Holzklötze waren die Ställe – und ich schaufelte nun Wege im Sägemehl, um auch meine Tiere «zu stellen». Ich versank in mein Spiel. Hie und da rutschte das Sägemehl über den Weg. O weh, nun war er verschüttet. Die Tiere, die schon ganz nahe bei jener Stelle waren, mußten umkehren, ein schwieriges Unterfangen am steilen Hang. Die Stimme meines Vaters, der jede Kuh mit ihrem Namen ansprach, bevor er ihr einen Armvoll Heu in die Krippe legte, leises Muhen, das Geräusch der das Heu zermahlenden Zähne, dann das Klappern des Melkeimers, das Zischen des Milchstrahls, der auf die Kesselwand traf – all das waren Geräusche, die zur wohligen Atmosphäre beitrugen.

Das Wappen über der Türe des Knappenhauses. Wenn es doch erzählen könnte!

Nun wurden die Kälber getränkt. Das war Grund genug, um meine Zapfenherde geordnet vor den einen oder andern Stall zu stellen und Papa zuzuschauen. Er hatte ein hölzernes Tränkgeschirr mit einem hölzernen, gelochten Zapfen dran, an dem die Kälbchen saugen durften. Ich streichelte unterdessen die Tiere. Hübsch waren die langen Wimpern und die weichen Haare, die am Innenrand des Ohres wuchsen. War Papas Tränkarbeit vorbei, durfte ich die Tiere noch an meiner Hand saugen lassen. Ich spürte die rauhe Zunge, hatte am Anfang Angst, sie würden mich beißen.

Papa löste unterdessen die Ketten der Kühe, öffnete die Stalltüre. Eine nach der andern trottete zum Brunnen, trank und stellte sich wieder an ihren Platz. Inzwischen aber hatte Papa jeden Platz mit dem Reisigbesen saubergewischt und mit frischem Sägemehl bestreut. Waren alle Tiere angekettet, nahm er die hölzerne Schaufel, die genau in die Ablaufrinne paßte, welche hinter den Kühen durch verlief, schob den Mist bis zur Stallwand und warf ihn mit gekonntem Schwung von da aus auf den Misthaufen. Noch ein Kontrollgang, ob alle Kühe genug Heu hatten, richtig angekettet waren. Ordentlich und sauber sah es aus. Sie kauten ihr Heu. Unsere Arbeit war beendet.

«Guet Nacht mitenand – Gute Nacht, alle miteinander – schlofet guet – schlaft gut.»

Das durfte ich den Kühen sagen. Papa verschloß den untern Teil der Stalltüre. Der obere Teil mußte auch bei kältester Temperatur offenbleiben, damit die Kühe nicht ins Schwitzen kamen.

Ein Riegel, um die Türe des Heustocks zu schließen. Gerade so gut könnte dieses Foto ein abstraktes Bild sein!

Papa hatte während des Melkens Kessel um Kessel voll Milch vor dem Stall durch einen Papierfilter in die Tanse geschüttet. Die Katze der Frau, die im Hüschi wohnte, bekam den Milchschaum. Papa trug die Tanse bis zum Schlitten – und dann kam das allerschönste: Wir setzten uns darauf, fuhren vom Hüschi bis unterhalb vom Gspan, dort stieg Papa vom Schlitten und zog ihn bis zur Egga. Ich durfte sitzenbleiben. Die Fahrt von der Egga bis fast nach Hause, das war ein Finale im stiebenden Schnee, der mir ins Gesicht flog, so daß ich die Augen schloß und mich einfach tragen und führen ließ.

Papa lenkte den Schlitten mit zwei Haselstöcken, die am einen Ende Lederschlaufen hatten, womit sie am Handgelenk befestigt wurden. Am andern Ende waren scharfe Eisenspitzen. Damit ließ sich der Schlitten lenken und – wenn das nötig war – auf sehr kurze Distanz bremsen. Man steckte sie zwischen Schlittensitz und Kufen in den Schnee.

Die Abendmilch, die wir nicht für uns brauchten, wurde im Keller aufbewahrt und zusammen mit der Milch vom nächsten Morgen in die Molkerei gebracht.

Hierfür schirrte Papa den Fuchs vor den Transportschlitten, lud die Tansen auf – und unser Pferd trottete los.

In den Tagen nach Weihnachten, wenn all die vielen gutbekannten Gäste wieder da waren, hatten Fuchs – und mit ihm natürlich auch Sami oder Papa, oder der wieder zurückgekommene Anton eine weitere Beschäftigung, sobald sie aus der Molkerei zurückgekehrt waren: Man befestigte auf dem Transportschlitten zwei Bänke – etwa solche, wie sie an schönen Aussichtspunkten zu stehen pflegen. Die wartenden Gäste setzten sich auf die Bänke, die Skier zwischen den Knien senkrecht haltend. So fuhr das Fuhrwerk nun – je nach Wunsch der Passagiere – auf die Egga oder zum Prätschli, denn damals gab es noch keine Skilifte und keine Bahnen. War ein Platz übrig, dann durfte ich auch mitfahren. Aufwärts und abwärts, denn Skifahren war etwas, das mir überhaupt nicht gefiel.

Mama hatte mir – das war lange vor Weihnachten gewesen, ein Paar der winzigen Kinderskier angeschnallt. Sie gab mir die Hand, damit ich das Gefühl für die unbekannten Dinger an meinen Füßen bekommen sollte. Ich bekam es nicht. Ich fiel, sobald sie mich losließ. Ich fiel vorwärts und rückwärts und seitwärts. Nach einer wahrscheinlich gar nicht langen, aber für mich nicht endenwollenden Pein riß ich die Bretter weinend von meinen Füßen und warf sie weit von mir. Skier waren nichts für mich – und blieben es.

Papa bedauerte das unendlich. Denn er fuhr gut und gerne Ski. Gekonnt legte er die Telemarkschwünge in den tiefen Schnee!

Mama wollte um jeden Preis, daß ich eine Beschäftigung im Freien hatte, die nicht ständige Begleitung bedingte. Dazu hatte niemand Zeit. Skifahren wäre da gut gewesen. Aber ich weigerte mich standhaft, mir diese ekelhaften Bretter nochmals anschnallen zu lassen.

«Du hast einen gräßlichen Bündnergrind – einen Bündner-Dickschädel. Den hast du von der Nana geerbt ...»

«Ist mir gleich, woher er kommt, aber ich fahre nicht mehr Ski. Nie mehr.»

Zu Weihnachten bekam ich ein Paar Schlittschuhe. Die Eisbahn war kaum hundert Meter von unserm Haus entfernt. Die Musik tönte bis zu uns.

Musik mochte ich. Deshalb wanderte ich an einem strahlenden Morgen ganz manierlich mit Mama zur Eisbahn, die Schlittschuhe an den Schnürsenkeln zusammengeknotet über die Schulter gehängt. Eine Eislauflehrerin erwartete mich. Ich durfte meine Schlittschuhe anziehen. Sie waren aus braunem Leder. Die Kufen waren an den Schuhen festgeschraubt. Sie hatten vorne keine Zacken, sondern endeten einfach in einem Bogen. Die Lehrerin war mir sympathisch. Die Musik gefiel mir. Die Sonne glitzerte auf dem Eisfeld. Das war schön.

Mama, die vom Rand aus zugeschaut hatte, verließ uns. Ich versprach, heimzukommen, «wenn es läutete».

Kleine Kinder lernen schnell, wenn ihnen eine Sache Spaß macht. Den wackligen ersten Schritten folgten bald solche, die dem Takt der Musik folgten. Die Zeit der Lektion verflog im Nu. Ich übte weiter und war erstaunt, als ich die Kirchenglocken so bald läuten hörte.

Von da an ging ich, wann immer ich konnte, aufs Eisfeld. Es mochte schneien oder stürmen. Nur eine «wegen schlechtem Wetter» geschlossene Eisbahn konnte mich abhalten.

Natürlich hatte ich dort auch meine Freunde. Da war die «Schlittschuhlehrerin», da war aber auch der Chasper – der Kaspar.

Er saß an der Kasse, verkaufte Eintrittsbilletts, vermietete Schlittschuhe, legte die Schallplatten aufs Grammophon mit dem Lautsprecher. Wenn ich mich, um mich nach meiner Lektion ein wenig auszuruhen, zu ihm in seine Kassenkabine setzen durfte, überließ er es mir, das Grammophon zu bedienen. Ich war noch viel zu klein, um lesen zu können, hatte aber mein ureigenes System, um jene Platten zu erkennen, deren Musik mir am besten gefiel. Auf vielen war ein Bild von einem Hund, der vor einem Trichtergrammophon sitzt, den Kopf schräg hält und offensichtlich mit Genuß der Musik zuhört. Auf einer solchen Platte war der Schlittschuhläuferwalzer, auf der Rückseite die Petersburger Schlittenfahrt. Diese Musik mochte ich besonders wegen des Schellengeklingels. Unser Fuchs trug im Winter auf seinem Rücken Schellen, die gleich tönten. Diese Platte konnte ich von den andern unterscheiden, weil auf der Seite mit der Schlittenfahrt der Kopf des Hundes einen Kratzer hatte.

Chasper hatte mich sicher längst durchschaut, aber er tat immer so, als ob er glaube, ich könne schon lesen. Diese Stütze meines Selbstbewußtseins hatte ich nötig, genauso wie das Lob der Eislauflehrerin, denn die andern Kinder, die auf der Eisbahn waren, plagten mich wegen meiner Schlittschuhe.

Ich hätte «Gäggeli-Schlittschuhe»!

Zum bessern Verständnis dieses Wortes: «Kindergarten» hieß «Gäggelischuel» oder kurz «Gäggi». Und Kleinkinderschlittschuhe waren die, die ich hatte, ohne Zacken am vorderen Ende der Kufen. Und dann waren die Schuhe erst noch braun und nicht weiß, nochmals ein Grund, mich auszulachen.

Im Jahr darauf bekam ich neue Schlittschuhe, mit Zacken zwar, aber wiederum braune. Weiße sollte ich erst erhalten, wenn ich die Pirouetten rechts und links konnte, wenn ich die Pflichtfiguren ganz exakt ausführte. Ich seufzte. Das würde noch Jahre und Jahre dauern.

Wenn am Morgen früh noch kaum Leute auf der Eisbahn waren, wenn das frische Eis glänzte wie ein geputzter Spiegel und ich als erste Spuren hineinzeichnen durfte, dann legte der Chasper meinen Schlittschuhläuferwalzer auf – und ich durfte tanzen. Ich hängte die Schritte und kleinen Sprünge, die ich schon konnte,

Arme, Hände, Beine, Füße gestreckt, daß sie eine gerade Linie bilden. Aber diese braunen Schlittschuhe ...

aneinander oder fuhr einfach zum Takt der Musik vorwärts, rückwärts, mit übersetzten Schritten einwärts und auswärts – und verlor mich im Tanz. Hie und da träume ich noch jetzt, ich laufe Schlittschuh, und habe dabei das Gefühl, zu schweben ...

Höre ich die Musik der Petersburger Schlittenfahrt, dann fühle ich jene warmen Sonnenstrahlen auf der Haut, rieche die reine Schneeluft, bin für ein paar Momente wieder das kleine Mädchen mit den fliegenden Zöpfen, das sich darauf konzentriert, den Fuß des bei der «Schwalbe» waagrecht gehaltenen Beines und die Hände und Finger so gestreckt zu halten, daß sie eine ganz gerade Linie bilden.

Nanas Lebens-, Mond- und Wetterregeln

zu deren Befolgung man einen Kalender konsultieren muß, der nicht nur die Mondphasen, die Sternzeichen des Monats, sondern auch die Sternzeichen der einzelnen Tage angibt. Z.B. einen Bauernkalender.

- Arbeiten (z.B. Handarbeiten, Heuen, sofern damit Ortswechsel verbunden ist), die nicht täglich gemacht werden müssen, fängt man an einem Montag oder Donnerstag an, keinesfalls aber am Freitag oder Samstag.
- Am Sonntag verrichtet man nur die allernotwendigsten Arbeiten, schont auch das Pferd.
- Am Sonntag heuen bringt eine schlechte Ernte.
- Am Sonntag zieht man Sonntags-Kleider an, auch wenn man zuhause bleibt.
- Alle Kleider, die man am Montag anzieht, müssen frisch gewaschen sein.
- Die Schnur eines Paketes, das man erhält, muß man aufknoten. Wenn man sie zerschneidet, tut man dem Absender damit weh.
- Wenn man bei zunehmendem Mond im Zeichen des Widders die Haarspitzen kürzt, hat man sein Lebtag lang gesunde, kräftige Haare.
- Wenn man Nägel nur bei zunehmendem Mond schneidet, wachsen sie nie ein.
- Schlachten muß man im letzten Mondviertel, sonst ist das Fleisch nicht haltbar.
- Wenn man die Wäsche bei abnehmendem Mond im Zeichen des Fisches wäscht, wird sie sauberer.
- Butter und Schweinefett am besten bei Vollmond einsieden.
- Sauerkraut wird am besten, wenn man es im Zeichen des Fisches einmacht.
- Stalldünger muß man bei abnehmendem Mond auf den Wiesen ausbreiten. Er dringt dann viel schneller in den Boden ein und ist wirksamer.
- Bäume fällt man nur im November und Dezember und nur bei abnehmendem Mond.
- Wenn die Schwalben hoch fliegen, bleibt das Wetter gut.
- Wenn Katzen und Hunde faul herumliegen, wird das Wetter schlecht.
- Eine Katze, die sich leckt und mit dem Pfötchen hinters Ohr fährt, zeigt den bevorstehenden Schneefall an.
- Wenn die Dohlen kommen, gibt es in zwei Tagen Schnee.
- Das Fell der Gemsen läßt auf den kommenden Winter schließen. Je rauher es sich anfühlt, desto mehr Schnee wird fallen.
- Wenn die Schanfigger Hexe kommt (= der Nebel vom Tal heraufsteigt), dann bleibt das Wetter eine Woche lang schlecht.
- Wenn man bei uns das Nordlicht sehen kann, gibt es Krieg.

Aus Monikas Weihnachts-Backstube

Marzipankartöffelchen

250 g Mandeln
250 g Puderzucker
1 Eiweiß
1 EL Rosen- und Orangenblütenwasser
1–2 Tropfen Bittermandelöl
3 EL Kakaopulver

Die Mandeln schälen, gut trocknen und reiben. Dann zusammen mit dem Zucker noch 2–3 mal durch die Mandelmaschine geben (evtl. in den Mixer), bis alles fast mehlig fein ist. Die vorbereitete Masse mit den übrigen Zutaten vermischen. In einem Pfännchen auf kleinem Feuer rühren, bis sich das Marzipan vom Boden ablöst und beim Berühren nicht mehr klebt. Marzipan zu kleinen Kartoffeln formen. Diese in Schokoladepulver wenden. Mit einer Stricknadel «Augen» markieren, mit einem kleinen Messer die Kartöffelchen einschneiden («gesprungene Schale»). Trocknen in leichter Wärme.

Nougat

200 g Mandeln oder Haselnüsse, evtl. auch Baumnußkerne oder Pinienkerne
50 g Orangeat und Zitronat
250 g Zucker
1 Msp. Vanille oder
½ EL Zitronensaft

Mandeln schälen und in feine Streifen schneiden (evtl. hacken) oder Haselnüsse schälen und in ganz dünne Blättchen schneiden, evtl. Baumnüsse oder Pinienkerne hacken (letztere evtl. auch ganz lassen), Orangeat/Zitronat fein schneiden. Eine große Platte oder ein Blech leicht ölen. Den Zucker hellgelb rösten, Vanille oder Zitronensaft beigeben sowie die übrigen vorbereiteten Zutaten. Alles zusammen unter Rühren solange rösten, bis es leicht knackt. Sofort auf die geölte Platte oder das Blech gießen, mit leicht geöltem Kartoffelstößel oder einem Glas flach drücken.

Den Nougat, kurz nachdem er abgekühlt ist, in Stücke brechen.

Rahmtäfeli

5 dl Rahm
2–3 Msp. Vanille
600 g Zucker
evtl.
½ dl Milch

Alle Zutaten zusammen aufsetzen. Kochen unter stetem Rühren, bis die Masse anfängt dick zu werden und sich von der Pfanne löst (ca. 25 Min.). Wird die Masse plötzlich zu dick und blasig, noch 2–3 EL kalte Milch oder Wasser dazumischen und wieder ganz glatt rühren. Sofort auf das vorbereitete Blech gießen. Wenn nötig mit nassem Spachtel ausstreichen, ca. ½ cm dick.

Etwas abkühlen und fest werden lassen (probieren mit einem Messer). Schneiden der jetzt steifen Masse in viereckige Täfelchen (ca. 2 × 2 cm) mit einem in warmes Wasser getauchten stumpfen Messer.

Rahmtäfeli

Marzipanhärdöpfeli

Schokolade-Trüffel

125 g	*feine Zartbitterschokolade*
½–2 KL	*ganz fein gemahlenes Kaffeepulver, heute am besten Nescafé*
1–2 EL	*Wasser*
125 g	*Puderzucker*
125 g	*Tafelbutter*
	Schokoladestreusel oder Schokoladepulver

Schokolade, Kaffee und Wasser in einem Pfännchen auf kleinem Feuer (im Wasserbad) schmelzen und glattrühren (nicht heiß werden lassen!).

Den Puderzucker durch ein feines Sieb geben.

Die Butter schaumig rühren, Schokolade und Puderzucker dazumischen, erkalten und über Nacht fest werden lassen. Nußgroße Kugeln mit einem runden Aushöhler (Butterausstecher in heißes Wasser getaucht) ausstechen. Diese in Schokoladestreusel oder -pulver wenden. Sie an der Kälte ganz fest werden lassen.

Spekulatius

120 g	*Butter*
120 g	*Zucker*
1	*Ei*
1 EL	*Honig*
1 KL	*Kakaopulver*
	Schale einer Zitrone, abgerieben
60 g	*Mandeln, gerieben*
1 Msp.	*Kardamon*
1 Msp.	*Nelkenpulver*
250 g	*Mehl*
1 KL	*Backpulver*

Die weiche Butter schaumig rühren, die restlichen Zutaten in der angegebenen Reihenfolge beigeben, zuletzt das gesiebte Mehl und das Backpulver nach und nach darunterziehen, noch 10 Minuten rühren. Den Teig über Nacht kaltstellen. Auf möglichst wenig Mehl 2 mm dick auswallen, mit dem Teigrädchen 4 × 4 cm große Plätzchen schneiden. Bei Mittelhitze 15 Min. backen. Sie müssen hellgelb werden.

Zimtsterne

200 g	*Puderzucker*
3	*Eiweiß, steif geschlagen*
180 g	*geriebene Haselnüsse*
100 g	*Paniermehl*
½ EL	*Zitronensaft*
1 EL	*Zimt*

Den Puderzucker sieben, nach und nach unter das Eiweiß ziehen, ¼ Stunde rühren. 3 EL für die Glasur beiseitestellen. Die übrigen Zutaten beigeben, vorsichtig kneten, 1 Stunde ruhen lassen. Den Teig vierteilen, diese Portionen 1 cm dick auswallen, Sterne ausstechen, auf einem Pergamentpapier aufs Blech legen, mit der Glasur bepinseln, bei 150° etwa 20 Min. backen. Die Glasur darf sich nur leicht färben.

Stichwortverzeichnis

Literaturverzeichnis

Kurt Allgeier, *Der Original 100-jährige Kalender,* Heyne Verlag, München 1983.

Erna Bächi-Nussbaumer, *So färbt man mit Pflanzen,* Paul Haupt Verlag, Bern 1976.

BLV-Bestimmungsbuch: Heilpflanzen, BLV-Verlagsgesellschaft, München 1981.

Patricia und Don Brothwell: *Manna und Hirse.* Eine Kulturgeschichte der Ernährung, Verlag Philipp von Zabern, Mainz.

Jean Chevalier, *Dictionnaire des Symboles,* Editions Robert Laffont, Paris 1969.

Das große Lebensmittel-Lexikon. 3., durchgesehene Auflage, ergänzt mit den neuen lebensmittelrechtlichen Verordnungen und Prof. Dr. W. Wirths *Kleine Nährwerttabelle der Deutschen Gesellschaft für Ernährung,* Pinguin-Verlag, Innsbruck, Umschau-Verlag, Frankfurt/Main.

Der Ernährungskreis, Informationsblätter des Ministeriums für ländlichen Raum Ernährung, Landwirtschaft und Forsten, Baden-Württemberg 1993.

Jenny Lina Ebert: *Schweizer Köchin,* Verlag von Goepper & Lehmann 1895.

Elisabeth Fülscher, *«Das Fülscher-Kochbuch»* 13. Auflage 1995, Müller Rüschlikon Verlags AG, Cham/Zug.

Karl O. Glaesel, *Heilung ohne Wunder und*

Nebenwirkungen, Labor Glaesel Verlag, Konstanz
Handwörterbuch des Deutschen Aberglaubens, Band 1 bis 10, Walter de Gruyter Verlag, Berlin – New York 1987.
Eve Marie Helm, *Feld-, Wald- und Wiesenkochbuch.* Erkennen, Sammeln, Zubereiten und Einkochen von Wildgemüsen und Wildfrüchten, Heyne Verlag, München 1978.
Claudie et Francis Hunzinger, *De toutes les couleurs,* Editions Stock 1976.
Udelgard Körber-Grohne: *Nutzpflanzen in Deutschland,* Konrad Theiss Verlag, Stuttgart 1987.
Johann Künzle, *Das große Kräuter-Heilbuch,* Otto Walter Verlag AG, Olten 1982.
Günther Liebster: *Warenkunde Obst und Gemüse, Bd. II,* Marion-Verlagsproduktion, Düsseldorf 1990.
Gisela und Andreas Mihailescu, *Gegen jede Krankheit ist ein Kraut gewachsen.* Rezepte der modernen Pflanzenheilkunde und deren Anwendung. Albert Müller Verlag, Rüschlikon 1982.
Susanne Müller: *Das fleißige Hausmütterchen,* Verlagsbuchhandlung Albert Zeller, Zürich 1901.
Artuse Pellegrino, *«L'arte di mangiar bene»* 3. Auflage, Barion, Milano 1926.
Peter Reuss, *Kochen mit Wildpflanzen.* Rezepte und Anleitungen zum Sammeln für viele wildwachsende Pflanzen. Heyne Verlag, München 1979.
Eva-Maria Schröder, Nicolai Worm: *Die 10 erfolgreichen Schritte.* Der Vitamin- und Mineralstoff-Ratgeber für Ausdauer-Sportler, Sportinform Verlag GmbH Franz Wöllzenmüller.
Kathleen Schultz, *Create your own natural dyes,* Sterling Publishing Co. Inc., New York 1982.
Gunter Steinbach: *Das Mosaiklexikon der Nutzpflanzen,* Mosaik-Verlag, München 1986.
S by Joh. Friedrich Steinkopf: *Neues Kochbuch oder geprüfte Anweisung zur schmackhaften Zubereitung der Speisen,* Stuttgart 1833.
Teubner: *Das große Buch der Gemüse aus aller Welt,* Teubner-Edition, Füssen 1992.
Günter Vollmer u. a., *Lebensmittelführer Obst, Gemüse,* Deutscher Taschenbuch Verlag, München 1990.
Bruno Vonarburg, *Gottes Segen in der Natur.* Christiana Verlag, Stein am Rhein 1979.
Conrad G. Weber, *Brauchtum in der Schweiz,* Werner Classen Verlag, Zürich 1985.
Richard Wilford, *Gesundheit durch Heilkräuter,* Rudolf Trauner Verlag, Linz 1979.
Nicolai Worm, *Ratgeber Ernährung, ein Wegweiser in die Ernährungsphysiologie,* TR-Verlagsunion, München 1989.
Nicolai Worm, *Ratgeber Ernährung, über Glaube, Hoffnung und Wahrheit moderner Ernährungslehren,* TR-Verlagsunion, München 1989.

Bildnachweis

Michael Bauer: Seiten 72/73, 77, 80, 81, 84/85, 90, 91, 92/93, 94/95, 96, 97
Roland Bertschinger: Seiten 98/99, 107, 108, 109, 110, 111
Werner O. Feißt: Seiten 101, 104, 106
Foto Homberger: Seiten 114/115
JMS-Edition: Seite 19
Rolf Kleinschnittger: Seiten 22, 23, 27, 29, 30, 31, 33, 34, 36, 37, 40/41, 50, 52, 53, 54, 55, 57, 66, 67, 118, 119, 124/125, 127
Doris Schmid: Seite 122
Zeichnungen Seiten 30, 31, 35 aus «Unsere Heilpflanzen in neuer Wertung und Geltung» von Eugen Fischer
Die Abbildung auf Seite 118 wurde im Heimatmuseum Arosa mit freundlicher Genehmigung des Konservators Ernst Rahm aufgenommen.

Bezugsquellen

Rohwolle (die noch gewaschen werden muß) zum Färben

Deutschland: Deutsche Wollverwertung, D-89204 Neu-Ulm
Schweiz: Schweiz. Inlandwollzentrale, CH-3326 Niederönz

Wollvlies zum Filzen

Deutschland: Deutsche Wollverwertung, D-89204 Neu-Ulm
Österreich: Schladminger Schafwollwaren, A-8870 Schladming
Schweiz: Wollkarderei Walter Vetsch, CH-7231 Pragg
el Boteghin, CH-6635 Gerra Verzasca (Versand auch ins Ausland)

Hand- und maschinengesponnene Wolle zum Färben

Schweiz: el Boteghin, CH-6635 Gerra Verzasca (Versand auch ins Ausland)

Kastanienprodukte

Schweiz: Hildegard Vertriebs AG, Aeschenvorstadt 24, CH-4010 Basel, Tel. 0 61 272 24 79
Deutschland: Jura Naturheilmittel, Nestgasse 2, D-78464 Konstanz, Tel. 0 75 31 / 3 14 87

Topseller von Kathrin Rüegg und Werner O. Feißt

Großmutter-Bände 1 bis 7

zu DM/sFr 39,80/ öS 311,–

Großmutters Küche zwischen Elsaß und Engadin
Was die Großmutter noch wußte, Band 7
Die SWF-Fernsehlieblinge auf Schlemmertour: Vom Elsaß an die Mosel in die Pfalz, vom Schwarzwald übers Schwabenland zum Bodensee, vom Emmental ins Engadin. Mit Großmutters Lieblingsrezepten von Kathrin Rüegg und liebevollen, typischen Geschichten von Werner O. Feißt!
2. Aufl., 144 S., 71 Farbabb., geb.
Bestell-Nr. **41190**

Was die Großmutter noch wußte, Band 1
6. Aufl., 156 S., 84 Farbabb., 12 Zeichn., geb. Bestell-Nr. **40838**

Als die Großmutter noch jung war
Was die Großmutter noch wußte, Band 2
2. Aufl., 156 S., 77 Farb-, 9 sw-Abb., geb. Bestell-Nr. **40868**

Vom Apfel bis zur Zwiebel
Was die Großmutter noch wußte, Band 3
3. Aufl., 168 S., 118 Farbabb., geb.
Bestell-Nr. **40912**

Essen wie damals
Was die Großmutter noch wußte, Band 4
160 S., 89 Farbabb., geb.
Bestell-Nr. **40947**

Winterrezepte und Geschichten
Was die Großmutter noch wußte, Band 5
2. Aufl., 160 S., 71 Farbabb., geb.
Bestell-Nr. **41072**

Gemüse nach Großmutterart – Rezepte und Geschichten
Was die Großmutter noch wußte, Band 6
160 S., 59 Farbabb., geb.
Bestell-Nr. **41104**

Rezeptbücher

Kathrin Rüeggs Brotbackstube
2. Aufl., 94 S., 10 Farbs., geb.
DM/sFr 24,80/öS 194,–
Bestell-Nr. **41041**

Kathrin Rüeggs Käsespezialitäten
104 S., 15 Farbs., geb.
DM/sFr 24,80/öS 194,–
Bestell-Nr. **41189**

Kathrin Rüeggs Guetzlibäckerei
2. Aufl., 102 S., 12 Farbs., geb.
DM/sFr 24,80/öS 194,– Bestell-Nr. **41042**

Kathrin Rüeggs süße Einmachküche
Die besten Konfitüren und Gelees – 86 S., 9 Farbs., geb.
DM/sFr 24,80/öS 194,– Bestell-Nr. **41053**

Kathrin Rüeggs pikante Einmachküche
96 S., 10 Farbs., geb.
DM/sFr 24,80/öS 194,– Bestell-Nr. **41088**

Kathrin Rüeggs Kartoffelküche
102 S., 16 Farbs., geb.
DM/sFr 24,80/öS 194,– Bestell-Nr. **41103**

Kathrin Rüeggs Lieblings-Kuchen
96 S., 18 Farbs., geb.
DM/sFr 24,80/öS 194,– Bestell-Nr. **41170**

Bild-Tagebuch

Kein Tag wie der andere
Abenteuer bei der Fernseharbeit, Band 12
144 S., 16 Farbs., geb.
DM/sFr 39,80/öS 311,– Bestell-Nr. **40996**

Müller Rüschlikon Verlags AG
Gewerbestraße 10, CH-6330 Cham, Postfach 4161, CH-6304 Zug
Telefon ++41 (0)41 740 30 40, Telefax ++41 (0)41 741 71 15